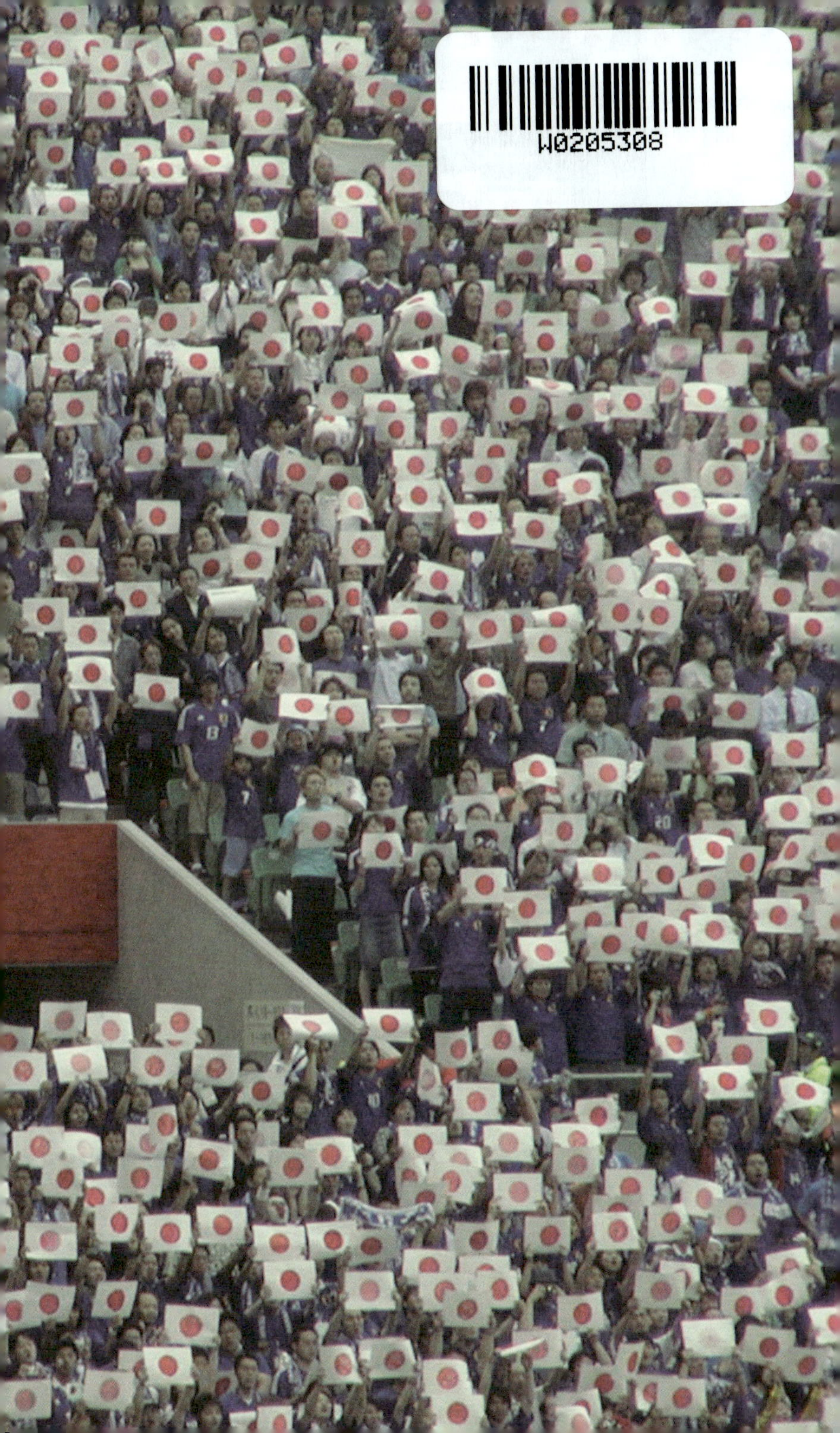

FVA

Die Bücher von Jean-Philippe Toussaint
in der Frankfurter Verlagsanstalt

DAS BADEZIMMER. Roman

DER PHOTOAPPARAT. Roman

FERNSEHEN. Roman

SELBSTPORTRÄT (IN DER FREMDE)

ZIDANES MELANCHOLIE

DIE DRINGLICHKEIT UND DIE GEDULD. Essays

Marie Madeleine Marguerite de Montalte:

I – SICH LIEBEN. Roman

II – FLIEHEN. Roman

III – DIE WAHRHEIT ÜBER MARIE. Roman

IV – NACKT. Roman

JEAN-PHILIPPE TOUSSAINT

FUSSBALL

Aus dem Französischen
von Joachim Unseld

FRANKFURTER VERLAGSANSTALT

Dieses Buch wird niemandem gefallen,
den Intellektuellen nicht, die sich nicht
für Fußball interessieren, den Fußballliebhabern
nicht, die es zu intellektuell finden werden.
Aber ich musste es schreiben, ich wollte nicht
den zarten Faden zerreißen, der mich noch
mit der Welt verbindet.

1998

Diese Geschichte beginnt im Jahr 1998, mit der Jahreszahl, die mir plötzlich wie in weite Ferne gerückt scheint, versunken in der Vergangenheit und bereits tief vergraben in dem zu Ende gegangenen 20. Jahrhundert, das künftigen Generationen wie ein anderes Zeitalter vorkommen wird. Es ist eine ausgesprochen alberne Ziffer, 1998, mit dieser Eins und dieser Neun am Beginn des Datums, das unseren heutigen Augen bereits verfallen anmutet, als ob dieses 1998, das uns noch so nah, so eng verbunden mit unseren Leben ist, mit unserer Zeit, unserem Fleisch und unserer Geschichte, unseren Küssen und unseren Sorgen, fatalerweise den Rand des vorigen Jahrhunderts angeknabbert und versehentlich den Fuß in die Vergangenheit gesetzt hätte. Wir können nichts dafür, sind aber *bloßgestellt* durch diese Vergangenheit, vor der wir Abstand hätten wahren wollen. Wir wissen instinktiv, dass der Vergangenheit, wenn wir auf alten Fotografien oder Archivbildern auf sie stoßen, immer etwas Linkisches, Rührendes, ja sogar Lächerliches innewohnt, während die Gegenwart – obwohl sie nichts anderes als deren genaue Antizipation darstellt – als ernst, verlässlich und respektabel gilt. Aber gerade im Jahr 1998 beginnt diese Geschichte. Mein Sohn Jean war neun Jahre alt, meine Tochter Anna vier. Es war 1998, um genau zu sein, am 10. Juni 1998, dass ich das erste Mal in meinem Leben in ein Fußballstadion ging, um mir ein Spiel der Fußball-Weltmeisterschaft anzusehen. Die Jahreszahlen der darauffolgenden Weltmeisterschaften – 2002, 2006, 2010, 2014 – sind allesamt Daten, die man als Synonyme von 1998 bezeichnen könnte, aber sie sind bedeutungsverschieden, entziehen sich dem Verwelkten, Veralteten und Bizarren dieser Eins und Neun, die sie gleichsam wie Brandmale kennzeichnen, wie die Lilie auf der Schulter von Milady de Winter, und sie unwiderruflich in die

Vergangenheit einschreiben. Ja, 1998 ist ein seltsam aus der Mode gekommenes, ein schlecht gealtertes Datum, »zu Lebzeiten abgelaufen«, um einen Ausdruck aus einem meiner Romane zu verwenden, ein Datum, »das das Leben schnell mit seiner Patina überziehen würde, denn wie ein schleichendes Gift barg es schon den Keim des eigenen Verschwindens und der endgültigen Auslöschung in diesem umfassenden Lauf der Zeit in sich.«

Entzücken

Der Fußball ist, wie nach Leonardo da Vinci die Malerei, eine *cosa mentale*, er lässt sich in der Vorstellungswelt begreifen und schätzen. Das Wesen des vom Fußball hervorgerufenen Entzückens rührt aus den Fantasien von Triumph und Allmacht, die er in unserem Geist erzeugt. Gleich welchen Alters oder welcher körperlichen Konstitution, sobald ich die Augen schließe, bin ich der Stürmerstar, der das Siegtor schießt, oder der

Torhüter, der sich in Zeitlupe in den Äther wirft, um den spielentscheidenden Ball zu halten. Als Kind habe ich die unglaublichsten Treffer erzielt (na gut, in meinem tiefsten Inneren). Die Arme, die ich dann im leeren Wohnzimmer meiner Eltern jubelnd gen Himmel reckte, gehörten ebenso zum Ritual und zur Feier wie das eigentliche Tor, das ich soeben geschossen hatte. Gerade dieses Zelebrieren – die Gratulationen, das Hinknien auf dem Rasen, die Mitspieler, die sich auf mich werfen und umringen, mich umarmen, mich feiern und hochleben lassen – genieße ich am meisten, mehr als die Aktion selbst, es ist dieser Triumph der Selbstverliebtheit, der mir das Hochgefühl bringt, und keinesfalls die Tatsache, dass sich das eines Tages wirklich ereignen könnte, dass ich selbst eines Tages ebenso traumhaft sicher mit dem Fuß einen Ball kontrollieren könnte, um ihn kaltblütig und meisterlich in einem richtigen Stadion, angesichts wirklicher Gegner, auf echtem Rasen mit einem harten Schuss aus fünfundzwanzig Metern in das obere Eck des gegnerischen Tores zu hämmern, trotz der verzweifelten Parade des Torhüters, der schicksalhaft in der Luft am Ball vorbeifliegt.

Das ist sicherlich eine verführerische Vorstellung, aber ich habe im Leben andere Ambitionen, als geschickt mit dem Fuß zu sein. Für mich zählt da eher die Hand, und das nicht nur in der Kunst. Die Wirklichkeit ist fast immer enttäuschend, das wird Ihnen nicht entgangen sein. Mit dreizehn war es dann vorbei, meine Fußballerkarriere war beendet. Meine letzten Träume vom Ruhm stammen aus dem Frühjahr 1970, das war in Brüssel in der Wohnung in der Rue Jules-Lejeune. Meine Eltern hatten mir gerade eröffnet, dass wir nach Paris ziehen würden, und ich betrachtete traurig den Türrahmen, der das Wohnzimmer vom Speisezimmer trennte und mir als Tor für meine imaginierten Schüsse und zur Schaffung meiner letzten Momente fußballerischen Ruhms gedient hatte. Eine Epoche ging zu Ende. Die Wirklichkeit für mich war jetzt diese unbekannte Zukunft in Paris, der Schulbeginn 1970, mit dem ich in die achte Klasse kommen würde als Internatsschüler einer Oberschule in Maisons-Laffitte. Das bedeutete Entwurzelung, Ende der Kindheit und der glücklichen Stunden in Brüssel. Schluss mit meinen schönsten Jahren. Auf die Kindheit folgt immer die Jugend, und das Leben lässt in der Wirklichkeit nicht mit sich reden, der Ball, auch wenn er rund ist, ist widerspenstig und geht wunderliche Wege, er widersetzt sich, ärgert uns, verrät und demütigt uns.

Fußballstadien

Ich gehe nicht regelmäßig ins Stadion, es gibt in meiner Familie nicht die sonntägliche Tradition, ins Stadion zu gehen, mein Vater hat mich nie zu einem Fußballspiel mitgenommen, auch nicht meine Großväter, und ich hätte es gerne gewollt, als Dreikäsehoch in meinem kleinen Mantel und mit meiner kleinen Mütze von einem Erwachsenen ins Stadion mitgenommen zu werden, der mir in der Halbzeitpause einen Hotdog gekauft hätte. Ich habe ein altes Kindheitsfoto wiedergefunden, aufgenommen bei den Teichpromenaden von Ixelles, auf dem ich mit meinem Großvater Juoazas Lanskoronskis zu sehen bin. Man hätte meinen können, wir beide wären auf dem Weg ins Stadion von Anderlecht gewesen oder in das von Union Saint-Gilloise, aber nein, an dem Tag sind wir nicht ins Stadion gegangen, wir sahen auch nicht wirklich wie Fußballfans aus, eher wie Schriftsteller auf einem Spaziergang, mein Großvater, der mein heutiges Alter gehabt haben dürfte, mit dem strengen Aussehen eines Homme de Lettres, und ich in seiner Begleitung, wohl vier Jahre alt, ernst an seiner Seite wie einer seiner ehrwürdigen Kollegen. Ja, man könnte sagen, ich besaß bereits vor fünfzig Jahren das strenge und verschlossene Wesen, das man allgemein Schriftstellern unterstellt, auch schon den kahlen Kopf und das – in gewisser Hinsicht – kahle Herz, aus Solidarität mit meinem litauischen Großvater, dem Colonel Lanskoronskis, der von der Physis an Vladimir Nabokov erinnerte und vom Intellekt her an General Dourakine, und der ebenfalls einen »Hutkopf« hatte, diese schamhafte Umschreibung für eine Glatze. Ich war nur ein einziges Mal im Brüsseler Stadion, in das ich meinen Sohn während der Europameisterschaften 2000 zu einem Spiel Belgien gegen Italien mitgenommen hatte, und ich besitze einige bruchstückhafte Erinnerungen an Fußballspiele im Parc des Princes und im Stade de France. Besonders an ein

Pokalendspiel 2002 zwischen Lorient und Bastia erinnere ich mich, zu dem wir mit der ganzen Familie gegangen sind, mit Figatellu-Würsten und der Fahne mit dem Maurenkopf. Es gibt eine ferne Erinnerung an ein Abendspiel auf Korsika, in Bastia, das ich mir zusammen mit meinem Schwiegervater Charles Santandrea angesehen habe, das muss Anfang der 1980er Jahre gewesen sein, ich erinnere mich an das Flutlicht, das auf die alten Holztribünen des Armand-Cesari-Stadions fiel. Am Getränkestand waren wir überraschend auf den Abbé Stra getroffen (sieh an, der Herr Abbé!), der ein kleines Kreuz am Kragen und einen Schal von Sporting um den Hals trug. Der Abbé Stra – den Namen hätte ich gerne erfunden, bin aber schon zufrieden, ihn sorgsam für einen möglichen zukünftigen Text aufgehoben zu haben – war mit unserer Eheschließung beauftragt. Aber das ist eine andere Geschichte, die Vorbereitung meiner Hochzeit mit Madeleine in einem Hotel in Calacuccia in der Region Niolu, wo uns am Ende des Essens der Abbé Stra mit ernster Miene gefragt hatte: »Darf ich Ihnen eine indiskrete Frage stellen?« Madeleine und ich, wohl gerade beim Käse angekommen, sozusagen zwischen Feige und Käse, senkten züchtig unseren Blick auf die Teller und nickten schweigend (ich sah, wie Madeleine insgeheim vor Lachen fast platzte), und er fragte dann mit bedächtiger Stimme: »Kennen Sie sich schon seit langem?« Hätte ich die Schlagfertigkeit besessen, hätte ich ihm mit Gide antworten können: »Es gibt keine indiskreten Fragen, nur die Antworten können indiskret sein.« Aber ich beschränkte mich darauf, die Wahrheit zu sagen, dass wir uns seit zwei Jahren kannten. Aber ich entferne mich vom Thema, trödele herum und schweife ab, ohne allerdings mein Ziel aus den Augen zu verlieren, man möge beruhigt sein. Nein, um zu meinem Punkt zu kommen: Wenn ich zu Hause bin, in den Städten, in denen ich wohne, ob nun in Brüssel oder auf Korsika, gehe ich niemals in ein Stadion. Sonst wäre ich 1985 im Heysel-Stadion und 1992 in Furiani dabei gewesen.

Die Trikots

Ich liebe den Moment, wenn ich das Stadion betrete, um meinen Platz einzunehmen, und inmitten der Menge der Zuschauer die Betonstufen zu den Tribünen emporsteige, dann ins Freie trete und vor mir die stufenförmig angelegten Sitzreihen und darunter das *absolute* Grün des Spielfelds unter den mächtigen Flutlichtlampen erblicke. Ich schaue nicht mehr mit den Augen des Kindes, aber ich nehme immer noch mit der unschuldigen Unbefangenheit der Kindheit den Zauber der Farben des Fußballs wahr, das Grün des Rasens seit unvordenklicher Zeit, und die Trikots der Spieler: die zeitlosen Trikots der Nationalmannschaften, das Blau Frankreichs oder Italiens, das Rot Spaniens, das Orange der Niederlande, nicht zu vergessen das himmelblau-weiß gestreifte Trikot Argentiniens. Alles gerät wieder in seine Ordnung, und das Natürliche wird unverrückbar und beruhigend, wenn wie im Finale 2002 in Yokohama die Deutschen in schwarzen Hosen und weißen Hemden gegen die Brasilianer in Grün und Gelb spielen, aber es versetzt mir ein leichtes Unbehagen, ein ästhetisches

Missbehagen, ja eine metaphysische Unruhe, wenn ich die Brasilianer in Dunkelblau spielen sehe, oder schlimmer noch: die deutschen Spieler in diesen grauenhaften, rot-schwarz quergestreiften Rugby-Trikots (von Toulouse oder von Toulon?), die sie beim Halbfinale der Weltmeisterschaft 2014 in Brasilien trugen. Dann fühle ich mich verletzt, nicht ich selbst (ich habe da schon Schlimmeres erlebt), aber als Kind, das ich einst war und das um das einfache, ein Gefühl von Sicherheit gebende Glück betrogen wird, die Deutschen auf den Fußballplätzen der ganzen Welt in alle Ewigkeit in schwarzen Hosen und weißen Hemden spielen zu sehen.

Kindheit

In Brüssel, auf dem Hof unserer Brüsseler Grundschule Nr. 9, spielten wir in der Pause Fußball, und das Kriterium, nach dem wir die beiden Teams auswählten, war nicht Kleine gegen Große oder Blonde gegen Braune oder eine Klasse gegen die andere, sondern »Moral« gegen »Religion«. Am Anfang des Schuljahrs musste in dieser konfessionslosen Schule in der Rue Américaine in Ixelles tatsächlich zwischen den Fächern Moral und Religion entschieden werden, je nachdem, ob unsere Eltern oder wir selbst wünschten, am Religionsunterricht teilzunehmen oder nicht. Während man im Fach Religion in erbauliche Episoden aus dem Leben Jesu und in die Bibellektüre eingeführt wurde, wurde den anderen eine Art rudimentäre gemeinschaftskundliche Grunderziehung zuteil, die mit dem etwas hochtrabenden Wort Moral benannt war, dessen ganze Bedeutung ich erst viele Jahre später erfassen sollte. Jedenfalls haben wir Schüler unsere Mannschaften in der Pause immer nach dieser Methode eingeteilt, die uns von biblischer Einfachheit erschien und obendrein den Vorteil hatte, generationsübergreifend zu sein (genauso viel Gläubige wie Ungläubige bei den Kleinen wie bei den Großen, bei den potentiellen Verteidigern und vermeintlichen Stürmern), und so trugen wir im Pausenhof an der Rue Américaine unsere Matches Moral gegen Religion aus – und die Religion, bei denen ich mitspielte (ich war immer sehr für Religion, zumindest bis zur sechsten Klasse), waren verteufelt gut am Ball.

Avenue Louise

Ich befinde mich in Brüssel, es ist ein weit zurückliegendes Bild, vielleicht in der Avenue Louise, ich bin zusammen mit einigen Freunden aus der achten Klasse des Gymnasiums Athénée-Robert-Catteau mit Schwerpunkt Latein und Mathematik, bei mir Thierry Degulne, Dominique Deredde, Philippe Warneck, womöglich auch Alain Van Vinck und Éric Peeters, und wir stehen mit unseren Schulranzen auf dem Rücken vor dem Schaufenster eines Elektrogeschäfts und amüsieren uns mit jugendlichem Hochmut und der Unverschämtheit der Jugend in Pennälerlaune über die ersten Farbfernsehgeräte, auf denen Spiele der Fußball-Weltmeisterschaft von 1970 übertragen wurden. Bei uns zu Hause haben wir noch keinen Farbfernseher, und wir machen uns lustig über die Spieler auf dem Bildschirm, die zu schnell für ihre Trikots sind, als ob der Fußballspieler beim Rennen über den Rasen durch die Geschwindigkeit und Schnelligkeit seines Dribblings sich von seiner Hülle lösen und seine Aktion in Schwarzweiß fortsetzen würde, die Farbe seines Trikots hinter sich herziehend, die ihm nur mit Verzögerung folgen kann. Das brachte uns vor dem Schaufenster des Geschäfts zum Lachen, diese noch nicht besonders ausgereifte Technologie. Auch wenn die Art, wie die Spieler in ihrem Kielwasser in einer verlangsamten Dehnung die Farben ihrer Trikots gleichsam einem Lichthof ihrer selbst hinter sich ließen, eine unleugbar poetische Dimension hatte. Kürzlich im Pariser Grand Palais sah ich eine Videoarbeit von Bill Viola, die mit solch einem Übergang von Schwarzweiß zu Farbe spielt, drei Frauen, die in derselben Einstellung aus einem grobkörnigen Schwarzweißbild in die Welt der Farben hinübergehen, eine unsichtbare Grenze überschreitend, einen virtuellen Vorhang, eine Art von symbolischem Checkpoint zwischen dem Sein und dem Nichtsein, zwischen der Geburt und dem Tod.

Jahreszeiten

In dem Maße, in dem ich älter werde, wird mir bewusst, wie sehr der Fußball an Jahreszeiten gebunden ist, oder besser, dass es eine Fußballsaison gibt, wie eine Kirschsaison oder eine Erdbeersaison, eine glückselige Zeit im Jahr, die (immer im Juni und Juli, was die Fußball-Weltmeisterschaft angeht) alle vier Jahre mit der Pünktlichkeit einer saisonalen Schaltjahresfrucht wiederkehrt. Und jedes Mal regt sich dieselbe Erwartung und Neugier, zunächst als ein entferntes Interesse, das man den Qualifikationsspielen entgegenbringt, dann die ersten Kennerblicke, wenn der Spielplan für das eigentliche Turnier feststeht, der Augapfel, der in Erwartung der ersten verlockenden Begegnungen zittert. Manchmal beginnt die Vorbereitung auch weit früher, wie bei der Weltmeisterschaft 2002, als ich meine Reise nach Japan bereits sechs Monate vorher organisiert habe und Tickets für die Spiele im Internet kaufte, Hotels in Tokio, Kyoto und Kobe buchte, außerdem Lesungen und Vorträge an verschiedenen Universitäten vereinbarte und mir eine Art Kooperation mit Zeitungen und einer japanischen Literaturzeitschrift sicherte. Dann kommt unabänderlich die Stunde des Eröffnungsspiels. 2002 war ich nur wenige Stunden zuvor in Tokio gelandet und hatte noch nicht meinen Koffer ausgepackt, als ich schon vor dem Fernseher saß, um mir in meinem Hotelzimmer in Shinjuku das Eröffnungsspiel anzusehen. Von da an, über die ganze Länge des Turniers hinweg, wiegt der Fußball unsere Stunden, gibt unserem Leben den Rhythmus, eine besondere Betonung, einen Akzent, die Interpunktion, und begleitet es aus der Entfernung wie eine Sommersonne, deren Vorhandensein man irgendwann nicht mehr wahrnimmt, so gleichförmig sind ihre Wohltaten, so regelmäßig ihre Rendezvous, die sie mit uns trifft. Jeden Tag gibt es Spiele, am späten Nachmittag, am Abend, in der Nacht. Zum Ende des Turniers hin vergrößern sich die Abstände zwischen den Rendezvous fast unmerklich, um unsere Erwartung anzufachen und unseren Appetit zu steigern. Und wenn die Stunde des Finales kommt, nimmt der Fußball ganz von uns Besitz und versetzt uns in Begeisterung. Ich bin vor Freude in leeren Wohnzimmern herumgesprungen. Beim Elfmeterschießen habe ich gebetet und den Atem angehalten, Daumen gedrückt, mit geschlossenen Augen, mit geöffneten Augen, hoffend, bittend, ich habe Amulette und Talismänner geknetet, den Heiligen Antonius von Padua angefleht und im Geist Nadeln in die Waden der Gegner gestochen. Angesichts der saisonalen Gleichmäßigkeit, die in der beruhigenden Regelmäßigkeit von Meeresgezeiten oder Mondphasen wiederkehrt – Fußball als Naturphänomen oder Konstante des Universums –, stellt sich nicht die Frage, ob es ein nächstes Mal geben würde, sondern, wie der nächste Jahrgang sein wird (ob es ein großer Wein wäre oder eine schlechte Ernte, wie 2010: ein Jahrhundertjahrgang für den Bordeaux und ein saurer Tropfen für den französischen Fußball), hinzu kommen noch einige kleinere Variablen, wie die Liste der qualifizierten Länder und der jeweilige Austragungsort, der keinen festen Sitz hat, der sich vielmehr rund um die Welt verlagert, mit der majestätischen Langsamkeit eines Containerschiffs, das rund um die Welt kreist, von Asien nach Europa (Seoul, Tokio, Berlin), in Afrika Halt macht und den Atlantik Richtung Lateinamerika überquert (Johannesburg, Rio de Janeiro), mit seinem Tross der Spieler und

Offiziellen, der Karawane der Trainer und Ärzte, der Journalisten und Medien, die mit ihm von Kontinent zu Kontinent pilgern.

Der Pokal

Der Weltmeisterschaftspokal ist ein Objekt aus Gold, nicht sehr hoch, gedrungen und nur knapp über 30 Zentimeter hoch, scheint er am oberen Ende mit einem Ball oder einem stilisierten Globus abzuschließen. Wahrscheinlich stellt er zwei triumphierende Fußballspieler dar, die mit ausgestreckten Händen gemeinsam eine Weltkugel emporhalten, und nicht, wie ich auf den ersten Blick dachte, die Spitze einer Eichel, die sich aus einer Vorhaut hervorschält (phallisch ist er zweifellos, da wird man mir zustimmen). Nachdem das Original 1983 in Brasilien gestohlen wurde und verlorenging, reist der Pokal heute gut bewacht mit dem Flugzeug. Ein kurioses Schicksal für dieses zeitgenössische Totem par excellence, diesen universellen Fetisch, dieses Objekt aller

Begierden, heute in Tresoren aufbewahrt und in Sicherheitskoffern transportiert zu werden, schwer bewacht von Polizisten mit schusssicheren Westen und Maschinenpistolen, und erst am Tag des Finales endlich aus seinem Schmuckkästchen herausgeholt zu werden, um zuerst von den Kapitänen der siegreichen Mannschaften der Weltmeisterschaft (weltweit im Fernsehen übertragen) in den Himmel gehoben und geküsst zu werden, von Didier Dechamps 1998 im Stade de France, danach von Cafu 2002 im Stadion von Yokohama, dann ich weiß nicht mehr von wem 2006 in Berlin (mein Gedächtnis setzt, wie bestimmte Krankheiten, zeitweise diplomatisch aus), dann von allen anderen Spielern der siegreichen Mannschaft, die mit ihm in einer dichten Traube laufen, mit herunterhängenden Stutzen, die Nationalflagge wie ein Schal um die Schultern, ihnen voraus ein Schwarm von Pressefotografen in apfelgrünen Leibchen, die rückwärts rennend mit Teleobjektiven fotografieren, wie der Pokal von Spieler zu Spieler weitergereicht und zu den Zuschauertribünen im Stadion von Yokohama oder dem Olympiastadion in Berlin gehoben wird, wo auch ich stehe, einer von Achtzigtausend, der inmitten der freudetrunkenen Menge den Spielern zujubelt.

Chauvinistisch

Der Fußball erlaubt, zwar nicht nationalistisch, da gibt es eine abscheuliche politische Konnotation, an die ich keine Sekunde denken will, nicht einmal patriotisch, aber *chauvinistisch* zu sein, worunter ich einen nicht in die Irre führenden Pseudonationalismus verstehe, dessen leichtere Form sozusagen, einen *ironischen Nationalismus*, was letztlich einen in sich perfekten Widerspruch darstellt, denn es gibt keine gegensätzlicheren Begriffe, das verführerische Adjektiv scheint dem zu widersprechen, was das Substantiv an Unerfreulichem in sich trägt, oder, um es einfacher zu formulieren: einen kindlichen Nationalismus, im Sinne einer kleinen Angeberei, einer kindisch-begeisterten Prahlerei: Es lebe Belgien! Ein Nationalismus, der eher Mützen als Schlagwörter hochhält, eher Tand als Werte, und der sich auf den Tribünen der Stadien mit Pfeifkonzerten, Maracas und Bengalos austoben kann. Während eines Spiels befinde ich mich in einem infantil-behaglichen Zustand, der umso köstlicher ist, als er mit einer von mir mit Nachsicht hingenommenen, intellektuellen Regression einhergeht. Ich bin Partei, ich bin streit- und kampfeslustig, ich beschimpfe den Schiedsrichter, schreie ihm hinterher, beleidige ihn. Ich prangere den Gegner an. Ich lasse gewalttätigen und agressiven Regungen freien Lauf, die normalerweise nicht zu meiner Persönlichkeit gehören. Ich billige die Dummheit und das Gewöhnliche. Ich fühle mich wohl – nennen wir das eine Katharsis.

Künstler

Als ich das letzte Mal einen Visumantrag für die Einreise in die Volksrepublik China gestellt habe, zögerte ich, bevor ich die Rubrik »Derzeit ausgeübter Beruf« ausfüllte. Ich hatte die Wahl zwischen mehr als einem Dutzend Möglichkeiten, wie

Geschäftsmann, Künstler, Crewmitglied, Abgeordneter, Militärangehöriger, Landwirt, Geistlicher oder Nichtregierungsorganisationsmitglied. Es gab dort kein Kästchen für »Schriftsteller«, also kreuzte ich »Künstler« an. Im chinesischen Visacenter in der Rue Neerfeld in Brüssel habe ich dann der Dame am Schalter meinen Antrag überreicht, sie war perfekt zweisprachig (Chinesisch-Holländisch), sprach aber kein Wort Französisch. Wir einigten uns auf Englisch als gemeinsame Sprache, daran sollte es also nicht scheitern. Sie schob die Kopien des Flugtickets und der Hotelreservierung beiseite und las sorgfältig die Antworten, die ich auf dem Antrag gegeben hatte, wobei sie einen Textmarker in ihrer Hand in einiger Distanz über das Formular schweben ließ, wie die vage Andeutung einer Bedrohung, so wie man sie auch von bestimmten Drogenspürhunden in Flughäfen kennt, die einem ein ungutes Gefühl bereiten, obwohl man sich nichts vorzuwerfen hat. Plötzlich hielt sie inne, der Textmarker stoppte in der Luft. Mit gerunzelter Stirn fragte sie mich: Was ist Ihr Beruf? Schriftsteller, antwortete ich. Aber wieso haben Sie dann vorgegeben, Künstler zu sein?, sagte sie mit sichtbarer Entrüstung (*But why did you claim you were an artist?*). Sie schien empört. Was war daraufhin zu antworten? Ich überlegte. Ihr zu erklären versuchen, dass man Schriftsteller in gewisser Hinsicht auch als Künstler betrachten könnte? Nein, das hätte uns nur zu allzu langen inhaltlichen und spitzfindigen Diskussionen und möglicherweise zu unguten polemischen Auseinandersetzungen geführt. Also die Flucht nach vorne antreten und ihr frech antworten, dass es heutzutage eben nicht nur die Fußballer sind, die Künstler wären. Nein, das ging noch weniger: Ohne den Blick von mir abzuwenden, hätte sie zweifelsohne mit der Schuhspitze irgendeinen Knopf gedrückt, um die Sicherheitsleute zu alarmieren, und auf Wiedersehen Chinareise. Nein, ich behielt meine Nerven und fragte sie in aller Höflichkeit, welches Kästchen ich ihr zufolge hätte ankreuzen sollen. Als wäre es die größte Selbstverständlichkeit, deutete sie auf das unterste Kästchen: »Andere (bitte präzisieren)«. So hieß mein derzeit ausgeübter Beruf »Andere (bitte präzisieren)«, und sie tippte mit dem Finger auf das in Frage kommende Kästchen. Dann nahm sie einen Stift und strich wütend das Kreuz, das ich im Kästchen »Künstler« gemacht hatte, durch, als wolle sie jede Spur meiner verrückten Anmaßung, Künstler zu sein, auslöschen, und lud mich ein, mich für das zu nehmen, was ich war: ein Schriftsteller, nichts weiter.

Offene Operation

Wenn ich an Fußball denke, kommt mir oft meine Kindheit in den Sinn. Wir schreiben das Jahr 1969, ich bin elf Jahre alt, ein Nachmittag, welche Jahreszeit, kann ich nicht sagen, vielleicht war es Herbst oder Anfang Frühjahr, und ich spiele Fußball auf der Sportanlage des Renier-Chalon in Brüssel, auf einem ziemlich holprigen Gelände, das uns als Fußballplatz diente und uns für unsere Sehnsucht nach Triumphen ausreichte. Meine Freunde hießen damals Thierry Degulne, Philippe Warneck, ich weiß nicht, ob sie an dem Tag dabei waren, ich glaube nicht, aber ich spiele, ich gebe alles, ich renne, ich schwitze, eine Haarsträhne fällt mir von der Stirn in die Augen. Ich habe keine Vorstellung mehr, wie ich an diesem Tag angezogen war, sicherlich waren es keine Sportsachen. Jogging war Ende der 60er Jahre noch nicht in Mode, ich muss vielmehr eine lange Hose getragen haben und einen von meiner Großmutter für mich gestrickten Wollpullover, dessen Ärmel ich hochgeschoben habe. Um mich herum Jungen meines Alters, ich befinde mich mitten unter ihnen in einer Wolke aus Menschen, die im Pulk dem Ball nachrennt und einen Staubschleier aufwirbelt, der mir heute noch, über all die Jahre hinweg, vor Augen steht. Ich befinde mich inmitten dieses unterschiedslosen Schwarms und habe die Szene wie in Zeitlupe wieder vor Augen, fast fünfzig Jahre später streckt sie sich in meiner Erinnerung und dehnt sich aus, ein anderer Junge, ein »Großer«, rennt neben mir her und fängt mich ab, es kommt zu einer kurzen Berührung der Schultern, oder er drängt mich mit seinem Arm absichtlich ab, und ich falle, das Bild verlangsamt sich, wird ätherisch, unendlich zergliedert im Lichthof meiner Erinnerung, ich falle auf die Seite, mit dem Unterarm zuerst pralle ich brutal auf. Ich liege am Boden, bin benommen. Ich stehe wieder auf, unter Schwierigkeiten, mein Arm sieht irgendwie komisch aus, er ist weich und rund, wie verrenkt. Ich mache ein paar Schritte, keiner kümmert sich um mich, und ich entferne mich mit meinem anschwellenden Arm, er hat mit meinem Körper nichts mehr zu tun, bildet an meiner Seite eine unförmige Rundung. Ich verlasse das Spielfeld, halte meine Tränen zurück, vielleicht weine ich aber auch, ich bin elf Jahre alt und weine auf der Straße auf dem Nachhauseweg, ich beeile mich, an der Garage in der Rue Léon-Jouret vorbeizukommen, das Tor der Werkstatt steht weit offen und lässt den warmen Geruch nach Motorenöl nach draußen entweichen, noch heute, nach all den Jahren, meine ich, diesen Geruch noch in allen Einzelheiten in der Nase zu haben. Ich betrete das Wohnzimmer in der Rue Jules-Lejeune, meine Mutter liest auf dem Sofa, sie hebt den Kopf und sagt, ohne mich anzusehen, ich solle aufhören zu heulen. Ich gehe zu ihr hin, und sie sieht meinen Arm, sie erfasst den Ernst der Lage und ruft meinen Vater an, bittet ihn, zu uns zu kommen. Wir nehmen ein Taxi zum Krankenhaus, ich sitze zwischen meinem Vater und meiner Mutter, jedes Holpern des Taxis verursacht mir Schmerzen, aber ich versuche, tapfer zu sein, beiße die Zähne zusammen, ich weine nicht mehr. Im Krankenhaus warten wir Stunden, es wird eine Röntgenaufnahme gemacht. Der Arzt im weißen Kittel kommt mit besorgter Miene und den Röntgenaufnahmen zu meinen Eltern zurück und sagt ihnen, dass er versuchen werde, eine mit Blutverlust verbundene offene Operation zu vermeiden. »Offene Operation«: zwei starke Wörter. Der Ausdruck beschäftigt die Einbildungskraft meines Vaters, ich weiß, er würde sich noch lange daran erinnern. Was verständlich ist, es muss ein ziemliches Entsetzen auslösen, von einem Arzt zu hören, dass möglicherweise eine »Offene Operation« am Arm seines elfjährigen Kindes durchgeführt werden muss, aber genau diese Wörter hat er benutzt: »Offene Operation«, was wohl der exakte medizinische Fachbegriff dafür ist, wenn der Bruch verschoben ist und man den Arm aufschneidet, um mit einer »Offenen Operation« die Knochen wieder an die richtige Stelle zu bringen. Schließlich war eine Operation doch nicht nötig geworden, mein Bruch – doppelte Fraktur des linken Unterarms, Elle und Speiche – wurde nur gegipst. Auch das ist Fußball, in der Wirklichkeit: meine Tränen als kleiner Junge und der Boden eines holprigen Geländes von der Härte der Realität.

Die Fußballzeit

Die Anteilnahme, die man einem Fußballmatch entgegenbringt, ist im Wesentlichen auf ein sehr besonderes Verhältnis zur Zeit zurückzuführen, eine Beziehung genauer Übereinstimmung und perfekter Simultanität zwischen dem laufenden Spiel und der gleichzeitig vergehenden Zeit. Fußball duldet nicht die kleinste Verzögerung, nicht die kleinste Zeitverschiebung, eben aus dem Grund, weil Fußball so perfekt mit dem Lauf der Zeit verschmilzt und sich mit ihrem Verrinnen verbündet, so ganz ihr innewohnt, dass er uns beim Zuschauen mit einer Art metaphysischen Wohlbefindens beschenkt, das uns von unserem Elend und unseren Gedanken an den Tod ablenkt. Während wir ein Fußballspiel ansehen, während dieser so präzise umrissenen Zeit, die vergeht, solange wir im Stadion oder vor unserem

Fernsehgerät sind, bewegen wir uns in einer abstrakten und Zuversicht gebenden Welt, der abstrakten und Zuversicht gebenden Welt des Fußballs, wir sind über die Dauer des Spiels in einem Zeitkokon eingesponnen, geschützt vor den Verletzungen der Außenwelt, wir stehen außerhalb der Kontingenzen der Wirklichkeit, ihrer Schmerzen und Unzufriedenheiten, weil die richtige Zeit, die unaufhaltsam verrinnende Zeit, die uns stetig hin zu unserem Tod zieht, erstarrt und wie betäubt scheint. Auch deshalb entwickelt der Fußball im Moment des Sehens eine solche Spannung. Wenn man ein Fußballspiel ansieht, ist die Zukunft für eine kurze Frist unentschieden, im Prinzip offen. Das Zukünftige enthüllt sich Schritt für Schritt in Echtzeit vor unseren Augen. In dem klar umrissenen Moment, in dem wir ein Fußballspiel sehen, ist das Ergebnis unbekannt und der Verlauf ungewiss, es ist uns also nicht möglich, unsere Aufmerksamkeit auch nur für einen Moment fallen zu lassen und uns von unserem Platz zu entfernen (es sei denn, es geschieht auf eigene Verantwortung und auf die Gefahr hin, dass genau in diesem Moment – in jedem Moment – ein Tor fallen kann). Aus diesem Grund verliert jedes Fußballspiel sofort all seinen Reiz, sobald das Resultat bekannt ist. Sobald der unsichtbare Faden, der ein Fußballspiel mit der Echtzeit verbindet, zerschnitten ist, ist er seiner Dimension der Irreversibilität beraubt, und sein Akt der Gnade und sein Glanz verschwinden auf der Stelle: Zurück bleiben nur die bloße Stofflichkeit der Spieler, das Profane und die Gewalt des Wirklichen kommen zu Tage und damit das Schwitzen, die Schreie, die Stöße, die letztlich absurde Unwirklichkeit des Schauspiels von zwanzig Kerlen, die auf dem Rasen hinter einem Ball herrennen.

Verderbliche Nahrung

Als Ganzes betrachtet, handelt es sich bei Fußball um verderbliche Nahrung, sein Verfallsdatum setzt unmittelbar ein. Man muss ihn sofort verzehren, so wie Austern, Meeresschnecken, Langustinen oder Garnelen (ich überlasse Ihnen die vollständige Zusammenstellung der Platte). Man muss ihn in aller Frische genießen, in der Stärke des Moments und der Hitze des Jetzt. Fußball altert schlecht, er ist ein Diamant, der nur im lebendigen Heute hell glänzt. Nie würde man sich Wiederholungen von alten Spielen im Fernsehen ansehen. Selbst die legendären Endspiele sind schal geworden, ihr Reiz hat sich im Staub der Zeit verflüchtigt, wir haben sie weit hinter uns gelassen, und sie sind zu einem vertrauten Bestandteil unserer Vergangenheit geworden, aber nur in unserer Erinnerung erzittern sie manchmal noch einmal in einem Anflug von Grazie. Bis mit der Zeit der Fußball eine andere Dimension erhält. Aus dem verderblichen Produkt Fußball wird ein zeitloses, er bekommt den Status eines Mythos oder einer Legende. Mit dem Lauf der Zeit kristallisieren sich in unserem Geist Ausschnitte, Zitate, Splitter oder Fragmente heraus. Nie kämen wir auf die Idee, uns das komplette Finale der Weltmeisterschaft von 1966 im Wembley-Stadion anzusehen, aber im Internet wird man das umstrittene Tor von Geoffrey Hurst suchen, um es sich auf dem Bildschirm seines Computers in allen Einzelheiten anzuschauen. Dasselbe gilt für den Radsport. Wer wollte sich heute in ganzer

Länge die Aufzeichnung einer der großen Bergetappen der Tour de France ansehen, so legendär sie gewesen sein mag, wie etwa der berühmte Zweikampf zwischen Poulidor und Anquetil beim Aufstieg auf den Puy-de-Dôme im Jahr 1964? Selbst wenn man zu allen existierenden Bildern Zugang hätte, man wollte sie nicht, wir brauchen einen von zu vielen Informationen ungesättigten Freiraum, der unserer Vorstellungskraft aktiven Platz lässt. Denn nichts ist besser, will man noch einmal träumen oder für kurze Zeit die Essenz des Vergangenen wieder aufleben lassen, als ein einzelnes, rares Bild, wertvoll wie eine Ikone, wie jene leicht verblichene Farbfotografie von Eddy Merckx im gelben Trikot der Tour de France oder im havannabraunen Molteni-Trikot auf dem Titelbild einer alten Radsportzeitschrift, die man unverhofft eines Tages, in schützende Folie eingepackt, in der Auslage eines Bouquinisten entdeckt und die uns schlagartig die Vergangenheit mit einer ungleich größeren Präsenz wieder auferstehen lässt, als es eine langatmige Wiederholung im Fernsehen mit einer Überfülle unnötiger Informationen je vermöchte.

Das Schreiben

Vielleicht besitzen die Worte die Kraft, das, was der Fußball an Zauber besitzt, wieder aufleben zu lassen, nicht die Worte aus den Presseberichten, die nur die Höhepunkte des Vorabendmatchs aufzählen, Texte, die so schnell veralten wie die Spiele selbst, über die sie berichten, aber die Worte, die wir in den Gedichten oder in der Literatur finden, die sich des Fußballs als Sujet annehmen würden, die seine Bewegungen erfassen, seine Farben zärtlich berühren, seine Verzauberung streifen, seinem Entzücken schmeicheln, die Fußball zum Thema machen würden, um von seiner flüssigen Konstitution und der Elastizität des Hin- und Herfließens seiner offensiven und defensiven Wellen zu erzählen, so, wie man es von oben, von den Tribünen aus beobachten kann. Einige der Texte, die ich dem Fußball gewidmet habe, wurden vor mehr als zehn Jahren geschrieben. In ihnen habe ich nur nebensächliche, unbedeutende, kleinere Themen aufgegriffen und sie den unverrückbaren Pfeilern der Zeit und der Melancholie gegenübergestellt. Von großen theoretischen Diskussionen über Fußball als soziales oder politisches Phänomen habe ich mich immer ferngehalten. Ich interessiere mich nicht für Fußball in seiner symbolischen Bedeutung für die Globalisierung oder als Metapher für die Gesellschaft. Und was die Strategie betrifft, erscheint mir Fußball als total einfach, fast simpel, allein schon, was die vermeintlichen Vorteile bestimmter Spielsysteme betrifft (das 4-2-4, das 4-4-2 oder das *Catenaccio*), die alle eine eher einfache Komplexität besitzen, verglichen mit den subtilen Feinheiten des kleinsten Spielzugs beim Schach, und das hässliche Wort *Coaching*, das Plumpheit und Disproportion in sich vereint, ist ein viel zu großartiges Wort für eine so wenig große Sache: ein glückliches Händchen beim Auswechseln und die Wahl des richtigen Moments dafür. Aber hier rutschen wir plötzlich vom heiligen Ernst des Kinderuniversums hinüber zum Kindischsein der Erwachsenenwelt. Der Fußball der Erwachsenen lässt mich kalt. Natürlich sorge ich mich als guter Bürger angesichts der Gewalt in den Stadien, von Rassismus, Homophobie und Hooligans und natürlich ärgere ich mich über die horrenden Transferzahlungen und die exorbitanten Spielergehälter, aber diesen Fragen will ich nicht mehr als eine Klammer widmen (wie mich das langweilt – Ende der Klammer).

Apotropäisch

Vielleicht liegt die verborgene Herausforderung dieser Zeilen im Versuch, den Fußball aus seiner niedrigen, gewöhnlichen und leichtverderblichen Materie in eine unverrückbare Form zu verwandeln, die den Jahreszeiten, der Melancholie und der Zeit und der Kindheit nahekommt. Niemals habe ich so wie damals in Japan 2002 eine derartig perfekte Übereinstimmung der Zeiten erlebt, wo die abstrakte und heilende Zeit des Fußballs für die Dauer eines Monats die wirkliche Zeit zwar nicht ersetzte, aber in ihren weit größeren Fluss geglitten und hineingeschmolzen war und ich das Vergehen der Zeit wie eine lange und schützende Liebkosung wahrnahm, wohltuend, beschützend, apotropäisch. Nichts kann uns geschehen, während wir ein Fußballspiel betrachten: gleichsam wie in wohltuender nächster Nähe des Geschlechts einer Frau bei bestimmten Stellungen des Liebesaktes, die augenblicklich jede Angst vor dem Tod verfliegen lässt, sie betäubt wird und in die Feuchte und Süße der Umarmung schmelzen lässt, so hält der Fußball, während wir ihn betrachten, uns radikal auf Distanz zum Tod. Ich tue so, als schriebe ich über Fußball, aber ich schreibe, wie immer, über die Zeit, die verrinnt.

FRANKREICH, 1998

Ich kann Fußball nicht von meinen Träumen und meiner Kindheit trennen.

Ich bin jetzt älter als vierzig Jahre, schrieb ich in meinem ersten Text, den ich anlässlich der Weltmeisterschaft 1998 dem Fußball gewidmet habe, ich trug mein Haar etwa so schütter wie Bobby Charlton, hatte in meinem Blick einen Deut skeptische Melancholie à la Lord Chandos, die physische Kondition eines Maradona und war ebenso ungeschickt am Ball wie sagen wir Dugarry, und ich weiß nicht, ob es daran liegt, dass ich beginne, älter zu werden und sich die Kindheit und die Träume von mir entfernen, aber es fängt an, dass ich vom Fußball die Nase ein wenig voll habe.

Ich bevorzuge die Dichtkunst (kleine Übertreibung).

Selbst meine seit Ewigkeiten bestehende Begeisterung für die belgische Mannschaft, bislang so untadelig, beginne ich zu hinterfragen, ob nicht auch sie idealisiert, um nicht zu sagen solipsistisch, virtuell und abstrakt war? Weil, wenn man genau darüber nachdenkt:

1) Ich kenne niemanden mehr aus der Mannschaft Belgiens, der 1998 bei der Weltmeisterschaft in Frankreich spielen wird. Außer Wilmots, natürlich (aber die ganze Welt kennt Wilmots).

2) Ich weiß nicht einmal mehr, wer der Trainer ist. Früher jedenfalls waren das Van Himst!, Van Moer!, und diese Namen voller Ruhm, die meine Kindheit wiegten, klingen noch in meinen schwermütigen Ohren wie lauter flämische und glockenhelle Proust'sche Madeleines.

3) Ich mag ehrlich gesagt das Trikot der belgischen Mannschaft nicht besonders und, auf die Gefahr hin, einen endgültigen Schatten auf die

unerschütterliche Loyalität meines ironischen Chauvinismus zu werfen, auch nicht wirklich ihre Art zu spielen. Sicherlich verfügen sie über einen soliden Spielstil, sind athletisch und teamorientiert, man könnte im besten Fall sagen, wie die Deutschen, mit Typen à la Gerets oder à la Philippe Albert, die von ihrer Spielart her im schlimmsten Fall jedoch an Mannschaften wie Waregem oder Beveren denken lassen, mit Typen, die sich selbstlos aufopfern, mit schlammbespritzten Stutzen, à la Patrick Revelli. Elfmal Patrick Revelli, das ist die Mannschaft! Ein Alptraum!

Daß ich auf eurem Bauch
Auch einmal Verse geschrieben!
Seht ihr das Wölkchen Rauch?
Nichts ist geblieben.

KOREA/JAPAN, 2002

Den ganzen Monat Juni 2002 verbrachte ich in Japan, um mir dort die Fußball-Weltmeisterschaft anzusehen, und ich hatte während der ganzen Zeit das Empfinden, dass Fußball und Japan, obwohl Gegensätze an sich – wie Tumult und Ruhe, Feuer und Wasser – miteinander verschmolzen und ein neues Element hervorbrachten, eine völlig neue und köstliche Verbindung, die noch keinen Namen hatte. Je weiter die Tage ebenso unerforschbar wie langsam, sanft und fließend ins Land zogen und ich in den Stadien oder vor dem Fernseher die Spiele verfolgte, floss der Fluss Kamo in friedlichem und regelmäßigem Rhythmus des Verrinnens der Zeit durch Kyoto, bei Tag wie bei Nacht, manchmal bei sehr klarem

Himmel und einer hell leuchtenden Sonne, die die steilen, gemähten Ufer bis zur Brücke von Sanjo erstrahlen ließ, manchmal bei sehr feinem Regen, der mit der Schwermut von Walen auf meinen durchsichtigen Regenschirm herabtröpfelte, mit einem reglos dastehenden aschgrauen Kranich in meinem Sichtfeld. Ich erinnere mich an diese Nächte am Ufer des Flusses und an den Weg aus Steinen, der begleitet von einem andauernden Wassergeplätscher durch die Furt führt, und die vier Jahreszeiten dieses milden Jahres 2002 tauchen wieder eine nach der anderen in meinem Gedächtnis auf, alle vier Jahreszeiten, die im Verlauf dieser Junitage in Japan aufeinanderfolgten. In Kobe war es plötzlich Hochsommer, die ersten Spiele fanden in der Glut der Sommernachmittage statt, und die brütende Hitze um 15.00 Uhr erinnerte meine empfindliche Haut und meine zusammengekniffenen Augen an die Sonne Korsikas oder Tunesiens, dann gab es den herrlich frühlingshaften Abend im selben Stadion von Kobe ein paar Wochen später am Abend des wunderbaren Spiels Brasilien-Belgien, wo unter meinen kindlich staunenden Augen eine leichte Meeresbrise in der schwülen Nacht die

Eckfahnen sanft hin und her bewegte, schließlich kam der Herbst, oder war es bereits der Winter, mit der Sintflut und der Trostlosigkeit des großen gräulichen Stadions von Dendai an dem Tag, an dem Japan aus dem Turnier ausschied. Diese einzigartige Sinnesempfindung, zusammengesetzt aus vergangener Zeit, vereinzelten Bildern, verstreuten japanischen Geschmäckern und Gerüchen – diese immaterielle, eigentliche Materie des Gedächtnisses –, möchte ich wiederherzustellen versuchen in dem, was sie als Unverstehbares und Zusammenhangloses in sich birgt. Ich will die dichten Verflechtungen meiner Erinnerungen an diesen Monat Juni 2002 nicht in meinem Geist auflösen, Fußball und Japan nicht künstlich voneinander trennen, sondern sie als Einheit wieder aufleben lassen, so wie ich es in den Zügen und den Stadien erlebt habe, inmitten der Menge der Fans in den blauen Trikots, in dieser feuchten Junihitze, die die Kleidung an die Körper klebt oder in den hartnäckigen Sommerregen, die mein Gesicht in der stickigen Hitze eines in Dunst gehüllten Tokios Tropfen für Tropfen nässten.

In Japan bin ich nur wenige Stunden vor dem Eröffnungsspiel der Weltmeisterschaft 2002 angekommen. Tokio hatte sich nicht wirklich verändert seit meinem letzten Besuch, lediglich bei der Landung in Narita ist mir beim Blick durch das Fenster meines Flugzeugs ein großer, am Boden angebrachter Schriftzug aus bunten Blumen aufgefallen, an dem Vögel herumpickten: 2002 FIFA WORLD CUP. Unsere noch mit feinen Kondenswassertropfen überzogene Boeing 747 ließ im Anflug die ganze Vogelschar aufflattern. Schon im Flughafen von Roissy hatte ich beim Einchecken als erstes kleines Vorzeichen auf das noch ferne und unsichtbare Sportereignis, an dem ich teilnehmen würde, die für einen Flug von Paris nach Tokio eher ungewöhnliche Anwesenheit einiger Iren bemerkt, denen ein unauffälliges Stück Schal unter der Jacke hervorlugte oder die weite, rasengrüne Trikots trugen, Rasen-Stade-de-France oder Grün-Yokohama, und die ohne Zweifel nach Niigata wollten, via Tokio, zum Spiel Irland gegen Kamerun am 1. Juni. Das waren sie also, meine ersten Fußballfans, die ersten, denen ich bei der 17. Fußball-Weltmeisterschaft begegnete. Vier Jahre zuvor in Paris waren es die

Schotten, schon sehr viel auffälliger in ihren Kilts aus Wolle, mit ihren breiten Schultern und königsblauen Trikots, die sich um mich drängten wie Lachse und die lauthals sangen in dem zum Bersten vollen Metrowagen, der uns zum Stade de France brachte, zum Eröffnungsspiel der vorangegangenen Fußball-Weltmeisterschaft (Brasilien–Schottland 2:1).

Der Morgen meiner Ankunft war grau, heiß, schwül und dunstig. Noch leicht benommen, kämpfte ich im fast gänzlich leeren orangefarbenen Bus von *Airport-Limousine*, der uns frühmorgens in die Stadt fuhr, gegen den Schlaf an, döste auf meinem Sitz, im Einklang mit den paar Japanern im Bus, ein schnelles Völkchen, das sein Nickerchen regelmäßig in öffentlichen Verkehrsmitteln hält (man könnte meinen, dass alle Japaner chronisch unter Jetlag leiden). Alles in allem zeigte Tokio in diesen ersten Tagen der Weltmeisterschaft sein gewohntes Gesicht. Nur wurde ich in meinem Hotelzimmer am nächsten Morgen schon um vier Uhr durch wirren städtischen Lärm geweckt, der sich in meine Träume mischte und schließlich zu meiner Irritation in einem männlichen Chor mündete, der unverständliche Jubelgesänge skandierte, immer begleitet von einem ENGLAND! ENGLAND!, während durch die halbgeöffneten Vorhänge meines Zimmers das erste, noch milchige Tageslicht drang, wie eine Morgenröte in Helsinki. Es war auch das erste Mal, dass mich an der Rezeption ein Gast fragte, aus welchem Land ich denn komme, und als ich ihm antwortete, ich käme aus Belgien, er mich fragte, wann ich spielen würde. Wann ich spielen würde? Ich war doch von oben bis unten so zivil, wie man es nur sein konnte, dunkle Hose, schwarze Weste, ich trug keinen Dreispitz, kein Jagdhorn oder Teufelstrikot und keine rote Basecap mit der Aufschrift BELGIUM, aber ich blieb sehr gelassen und ging darauf ein und habe ihm gesagt, ich würde morgen spielen, morgen Abend. *Good luck*, sagte er mir.

In diesen ersten Tagen in Tokio übernachtete ich in einem kleinen Hotel in Shibuya in der Nähe vom Bunkamura, am Fuße einer leicht ansteigenden Straße voller mit bunten Neonröhren beleuchteter Love-Hotels. Seit meiner Ankunft verbrachte ich meine Zeit zwischen Vorträgen an der

Universität und Übertragungen der Spiele im Fernsehen. Ich ging ins Restaurant mit den japanischen Professoren, die mich in ihre Kurse eingeladen hatten, oder aß eine Kleinigkeit in meinem Hotelzimmer, allein auf dem Bett meines kleinen Zimmers vor dem Fernseher sitzend beim Spiel England gegen Schweden oder Spanien gegen Paraguay, die Pappschachteln mit dem Essen hatte ich um mich herum auf der Überdecke verteilt, die Plastikfolien, mit denen die Schalen überzogen waren, lagen schon zusammengeknüllt im Papierkorb, die Stäbchen hatte ich auseinandergebrochen und das Tütchen mit Sojasoße aufgerissen, um es vorsichtig auf das Essen zu träufeln, meine Finger leicht klebrig von der Soße. Ich liebe es, in Japan so in Hotelzimmern zu picknicken, es ist immer ein Vergnügen, das Hotel zu verlassen und im Viertel irgendeinen *Convenience Store* aufzutreiben, einen 7-Eleven oder Family-Mart, 24 Stunden geöffnet, und mir aus den Regalen ein Menü zusammenzustellen, aufmerksam die Schalen in den Kühlfächern auszuwählen (hier die Sushi, dort ein paar Algen, ein Stück Kürbis, Auberginen, Spinat), dann zu den Getränken zu gehen, dort etwas aus der Vielzahl der

Teesorten zu suchen, um dann schließlich die Gefriertruhe zu öffnen und als Dessert einen kleinen Becher grünes Teeeis herauszufischen (in Kobe, nach dem Spiel Brasilien gegen Belgien, das spät in der Nacht endete, war ich nicht der Einzige, der auf diese Weise noch einkaufen ging, um dann wieder ins Hotel zu verschwinden, es war ein regelrechtes Defilee von Hotelgästen, die beim Lawson vorbeischauten, bevor sie wieder im Gänsemarsch und mit einer Plastiktüte in der Hand die luxuriöse Lobby des Hotels durchquerten und auf ihre Zimmer zurückkehrten).

Das erste Spiel bei dieser gemeinsam von Japan und Korea veranstalteten Weltmeisterschaft, für das ich eine Eintrittskarte hatte, war die Begegnung Japan gegen Belgien, die am 4. Juni 2002 in Saitama stattfand. Es war das Eröffnungsspiel für die Japaner, der Co-Gastgeber ging also ins Rennen, es war das Spiel eines ganzen Volkes (Japan gegen Belgien, wir konnten uns warm anziehen!). Es lief das Gerücht, man sollte sicherheitshalber drei oder vier Stunden für die Anfahrt zum Stadium einplanen, bei vorsichtiger Schätzung erwartete man 60.000 japanische Zuschauer, und ich hatte, wie es scheint, überhaupt keine Erfahrung mit japanischen Menschenmassen, wenn sich ja, beispielsweise, bei einem Feuerwerk zwei- oder dreihunderttausend Personen um einen winzigen See zusammendrängen. Dennoch verließ ich vorsorglich das Hotel bereits zu Beginn des Nachmittags, ausgestattet mit einem kleinen Rucksack, worin mein Fernglas, ein Fotoapparat und meine Fanmütze waren. Schon Dutzende Kilometer vor dem Stadion, bevor ich überhaupt die Metrostation erreichte, tauchten auf den Straßen Tokios schon die ersten blauen Trikots auf, die blauen japanischen Trikots, die so ähnlich aussehen wie die der französischen Nationalmannschaft und auf denen meist die Nummer 7 von Nakata stand oder die 5 von Inamoto, die 8 von Ono oder die 10 von Nakayama, und alle diese zunächst vereinzelten blauen Trikots fanden sich zusammen wie Tröpfchen zu einem schmalen Bächlein, das einen Bach bildet, der durch die Straßen fließt, und schließlich zu einem Fluss wird, einem blauen, immer stärker aus den Zuflüssen der Metrostationen anschwellenden Strom, der sich in die Alleen vor den Eingängen des Stadions ergießt, wo sich auf einmal riesige hin- und herwogende Wellen in den vollbesetzten Zuschauertribünen bilden und inmitten eines unglaublichen Geschreis die unbezwingliche blaue Flut sechzigtausend japanischer Schlachtenbummler den Namen ihres Landes skandiert: NIPPON, NIPPON!

Wenige Sekunden vor dem Anstoß in der von den Tribünen wie elektrisch aufgeladenen Atmosphäre des Stadions von Saitama, als die Spieler bereits auf dem Platz standen und die Begegnung beginnen konnte, überflogen zur Verblüffung aller plötzlich vier Jagdbomber in niedriger Höhe das Stadion und streiften beinahe das Stadiondach, bevor sie mit einem Höllenlärm wieder verschwanden und hinter sich beunruhigende Rauchwolken und düstere Reminiszensen an Krieg, Gewalt und Attentate zurückließen. Aber abgesehen von diesen militaristischen Kindereien zeigte sich dieser Abend von seiner angenehmsten Seite. Die Partie wurde angepfiffen, und als Belgien mit einem überraschenden Konter, der mit einem spektakulären Fallrückzieher von Wilmots abgeschlossen wurde, den Score eröffnete, sprang ich von meinem Sitz auf, reckte die Arme in den

Himmel, drehte mich auf der Stelle hüpfend auf der Tribüne um mich selbst und wusste nicht, wohin ich gehen und mit wem ich das Ereignis feiern hätte können, als ich einen anderen Belgier bemerkte, der auf der Tribüne genauso isoliert herumstand wie ich. Wir stürzten umständlich aufeinander zu, ohne zu wissen, wie wir unser Tor gemeinsam bejubeln sollten, begnügten uns damit, heftig unsere Handflächen gegeneinander zu schlagen, so wie es zwei amerikanische Basketballspieler tun, wenn ihnen gerade eine Großtat gelungen ist. Sonst nichts, wir wechselten kein Wort miteinander, ich weiß nicht mal, ob der Typ überhaupt Französisch sprach (es ist eine der merkwürdigsten Begegnungen, die ich in meinem Leben hatte), und eine Viertelstunde später trafen wir uns an derselben Stelle wieder, um dieselbe Geste zu wiederholen, anlässlich des zweiten Tors Belgiens. Ich hätte mich damit begnügen können, nur die belgischen Tore zu bejubeln, aber ich muss zugeben, dass ich, fast ohne es mir eingestanden zu haben, doch eine heimliche Befriedigung verspürte, wenn bei jedem Tor der Japaner das ganze Stadion explodierte und in seinen Grundfesten erzitterte. Am Ende fand ich das Unentschieden ganz wunderbar, es war sogar genau der Spielstand, den ich mir gewünscht hatte. Ich erinnere mich, Anfang Dezember, nachdem die Begegnungen der Vorrunde bekannt gemacht wurden, eine Mail an Kan Nozaki, meinen japanischen Übersetzer, geschickt zu haben, um ihm mitzuteilen, dass ich für dieses Spiel Belgien–Japan hoffte, Belgien würde einen zivilisierten Angriff führen, weil ich in Kenntnis der exzellenten Manieren seiner Landsleute davon ausging, dass die Japaner die erlesene Höflichkeit zeigen würden, uns nicht zu schlagen, und wir im Gegenzug die Eleganz, daraus keinen Profit zu schlagen, um zu gewinnen.

*

Fast durchweg 30 Grad seit meiner Ankunft in Japan, in Tokio schwüles und feuchtes Wetter, im Kansai durchgehend strahlend blauer Himmel, an der Bai von Osaka leichter Wind mit hier und da einer Tür, die sich unerwartet öffnete und mir eine Brise Meereswind ins Gesicht wehte. Überall hier, ob in den Geschäften, in den Hotels, den Restaurants oder den Zügen brummten unerschütterlich die Klimaanlagen und pusteten ihre eisige Luft in den öffentlichen Raum, man starb in den Stadien vor Hitze, aber in den Zügen, die uns dorthin brachten, erfror man schier. Merkwürdig eigentlich, dass die Japaner, die im Winter ihre Wohnungen überheizen, so wie sie im Sommer mit Inbrunst Klimaanlagen einsetzen, es offenbar vorziehen, es im Winter zu heiß zu haben und im Sommer zu kalt (während das Gegenteil ihnen Milliarden von Yen sparen würde). Das Stadion von Kobe ist am Nachmittag ein Glutofen. Wenn ich mit schweißnassem Gesicht und am Körper klebender Kleidung, mit angetrocknetem, klebrigem Schweiß in den überfüllten, eiskalten Bahnen von den Spielen zurückkehrte, musste ich danach, genauso wie die Spieler, erst einmal eine ausgiebige Dusche nehmen, um mich wieder in Form zu bringen. Doch mein nicht sehr gefüllter Kalender ließ mir in der Regel zwischen den Spielen einigermaßen Zeit für solch eine Erholung, obwohl es vorkommen konnte, dass ich mit den geographischen Verhältnissen und den Spielplänen jonglieren musste, wenn das eine Match in Tokio am Abend abgepfiffen und ein anderes am frühen Nachmittag des darauffolgenden Tages in Kobe angepfiffen wurde. Aber der Shinkansen ist kein Geheimnis mehr für mich, genauso wenig wie der Shinkaisoku, der Kaisoku und der Futsu, die es mir erlaubten, nach Hyogo und zum Stadion von Kobe zu kommen.

Wenn die Entdeckung der ersten Runde ohne Zweifel die japanische Mannschaft und deren luftiges, flüssiges und ansprechendes Spiel war, das die Menge von Punkerinnen in Kimonos und jungen Frauen in blauen Trikots in Begeisterung versetzte, erscheint mir persönlich die eigentliche Überraschung, dass Japan eine Mannschaft mit Blondschöpfen aufs Spielfeld stellte. Während die Gegner ihrer Vorgruppe, also die Russen und die Belgier, aussahen wie geradewegs aus dem 20. Jahrhundert entstiegen, mit ihrem altmodischen militärischen oder sportlichen Auftreten, kurzen Haarschnitt und freigelegten Ohren und mit, wenn es hochkommt, einem LKW-Fahrer-Ring im Ohrläppchen (aber nicht das kleinste Piercing in der Zunge), präsentierten die Japaner eine Mannschaft aus Rockstars und jugendlichen Liebhabern, auf deren Köpfen hier und dort Haarsträhnen in allen venezianischen Farbnuancen schillerten, von Blond bis Kastanienbraun, nicht zu vergessen das kretische Rotorange des Irokesen von Kazuyuki Toda, die Gesichtsmaske von Tsuneyasu Miyamoto, bei der man sofort an Jean Paul Gaultier denken musste, und der immer sauber rasierte Schädel von Shinji Ono, schon ein Klassiker, der sich auch bei Roberto Carlos und bei Jancker, bei Pierluigi Collina und bei mir findet, der schöne, bewährte Look der kahlgeschorenen Kugel, der, wie man mit Fug und Recht behaupten könnte, aus bester französischer Tradition stammt, zu der Barthez (der Torhüter) genauso gut gehört wie Foucault (der Philosoph).

Seit ein paar Tagen bin ich wieder in Tokio, übernachte in einem Gästezimmer der Universität Meiji Gakuin in Meguro. Ein ruhiges und mit Bäumen bestandenes Wohnviertel, das mich mit seinen engen und steilen, von kleinen weißen Häusern gesäumten Straßen ein wenig an Kyoto erinnert. Am ersten Morgen bin ich um 6 Uhr früh aufgewacht und auf die leeren Straßen hinausgegangen, wo bereits eine stechende Sonne schien, um Frühstücken zu gehen. Ich zögerte, war unentschlossen, als ich auf ein herrliches Anwesen aufmerksam wurde, das aussah wie ein Museum, ein Tempel oder ein Herrenhaus. Hinter der Umfassungsmauer lag der Ort menschenleer und still. Nur einige Kleinlaster mit einem Hotelwappen standen verlassen auf dem Parkplatz. Ich ging entlang eines Parks auf das Hauptgebäude zu, auf der Suche nach der Rezeption, wo ich hoffte, eine englische Zeitung zu finden, als ich fast mit der Nase auf ein gigantisches Fußballtrikot aus blauem Stoff stieß, mindestens fünf Meter hoch und drei Meter breit, mit dem auf die Brust gestickten Abzeichen *F.F.F.* für *Fédération Française de Football*, das dort im friedlichen Morgen auf dem Parkplatz straff gespannt und bewegungslos zwischen zwei Metallmasten hing. Kein Lüftchen ließ die Ärmel im Wind erzittern, wie gekreuzigt sah mir dieses blaue Trikot aus, und es wurde nur wenige Stunden später auf Halbmast gesetzt, wegen des vorzeitigen Ausscheidens der französischen Mannschaft bei diesen 17. Fußball-Weltmeisterschaften, und die Reservierungen der französischen Spieler wurden annulliert, die Koffer zurückgeschickt, Geschenke und Blumen abbestellt. Ich machte kehrt, würdigte dabei diesen wirklich denkwürdigen Umstand, durch puren Zufall an das Hotel geraten zu sein, das die französische Mannschaft hätte beherbergen sollen, wenn sie sich für die nächste Runde qualifiziert hätten.

*

Ich habe volle Stadien und leere Cafés gesehen. Ich habe Spiele verfolgt in kleinen Imbissbuden, deren Wände mit redundanten Fotos von eben jenen Nudelgerichten dekoriert waren, die man zu essen bekam, und wo oben in einer Ecke ein kleines quadratisches Fernsehgerät auf einem Regal stand, in dem das Spiel des Tages übertragen wurde und das mir einen ähnlichen kleinen Fernsehapparat ins Gedächtnis rief, mit einem ebenso verschneiten und unscharfen Bild, damals in einem Café in Siena, wo ich das Finale der Weltmeisterschaft 1978 zwischen Holland und Argentinien verfolgt habe. Spätabends sah ich Spiele in angesagten Cafés von Shibuya oder d'Omote Sando, mit nackten, rötlichen Backsteinmauern, bei denen man irgendwann nicht mehr wusste, ob man sich in einem Café oder in einer Galerie für moderne Kunst befand, vor einem riesigen Bildschirm, auf dem sich stumm vier Meter hohe Fußballspieler bewegten, in der verwischten Art der Figuren von Bacon. Die Gäste, die scheinbar ebenfalls nicht so recht wussten, wo sie sich befanden, verhielten sich eher gleichgültig angesichts der laufenden Partie, bis sie einige heftige Aufschreie während der Verlängerung aus ihrer Lethargie herausholten und sie die Hälse verdrehten, um skeptisch einen Blick auf den Bildschirm hinter sich zu werfen. Ich habe mir ein entscheidendes Spiel der japanischen Mannschaft in einem überfüllten Hörsaal der Universität von Meiji Gakuin angesehen, Tische und Stühle hatte man an die Wand geschoben, Professoren und Studenten saßen im Schneidersitz auf dem Boden oder im Damensitz auf den Tischen, standen an Wände oder Türen gelehnt, und ich habe gemeinsam mit den japanischen Zuschauern gefiebert, mich zu den jungen Mädchen umgedreht und begeistert deren Hände abgeklatscht, wenn Tore von Morishima und Nakata zu feiern waren, bevor ich, nachdem das Spiel beendet war und der Hörsaal zur Ruhe und geistigen Arbeit zurückgekehrt war, wieder das Wort ergriff, nicht als Schriftsteller, meine erste Mütze, auch nicht als Filmemacher, meine zweite Mütze, sondern als Liebhaber des Fußballs (meine dritte Mütze, die rote Basecap mit der Aufschrift BELGIUM in goldenen Lettern), unterstützt von Professor G., der zwei wissenschaftliche Bücher über Fußball veröffentlicht hat und im Übrigen Valéry-Spezialist ist (lange Zeit hatte ich angenommen, es sei Proust gewesen). Aber eine Sache hatte ich bis dahin noch nicht erlebt: die Übertragung eines Fußballspiels im japanischen Radio. Durch irgendeinen unglücklichen Umstand war einer meiner Vorträge just auf die Zeit des Achtelfinales angesetzt worden, in dem sich Japan und die Türkei gegenüberstanden, und als mein Vortrag beendet war und ich sah, dass bis zum Spielende und einer möglichen Verlängerung noch einige Minuten blieben, rannte ich, begleitet von meinem Gastgeber und einer kleinen Gruppe Studenten, durch das Treppenhaus und über den menschenleeren Universitäts-Campus auf der Suche nach einem Fernsehgerät, das hier irgendwo zu finden sein musste, bis wir uns in der französischen Abteilung mit einem Radiogerät zufrieden gaben, um das bereits einige Personen versammelt waren, um mit ihnen das Ende der Partie zu verfolgen. Mit verschränkten Armen und ernster, konzentrierter Miene hörte ich der Reportage aufmerksam zu, obwohl es keine Simultanübersetzung gab, die es mir erlaubt hätte, zu verstehen, was auf dem Spielfeld passierte (ohne große Fortschritte zu machen, gelang es mir dennoch, einige der japanischen Wörter zu verstehen, wie *corner*, *penalty* oder *free kick*). Mit geschärften Sinnen las ich besorgt in den Gesichtern der Studenten, während meine Ohren, aufgerichtet wie die einer Katze, auf die Gefahr oder die Verheißung eines Tors lauerten und ich die Unterschiede in der Tonstärke der Kommentatorenstimme zu deuten versuchte, die von einem gleichmäßigen Geschnurre während der Spielphasen im Mittelfeld bis zu einem lebhaften Crescendo bei der Annäherung an die jeweiligen gegnerischen Tore reichte und sich weiter bis zu einem kurzen hysterischen Anfall, nahe einem Schlaganfall, steigerte, wenn ein Pass vors Tor geschlagen und dort der meistens misslungene Versuch unternommen wurde, den mit einem Volley genommenen Ball abzuschließen.

Seit einigen Tagen treffe ich auf den Straßen nicht mehr auf Fußballtrikots. Es ist die Zeit des Ruhens, des Wartens und der Erholung vor den letzten Begegnungen. Ich habe keine Eintrittskarten mehr für die Spiele des Halbfinales in Saitama und für das Finale in Yokohama, und außerdem bin ich in Kyoto, das niemals wirklich fußballbegeistert war. Selbst im *Pig and Whistle*, dem berühmten englischen Pub am Rand von Sanjo, schien man sich die Zurückhaltung der Stadt zu eigen gemacht zu haben, denn am Eingang hing ein Plakat mit einer langen Liste von Vorschriften für etwaige Fußballfans, manche gewiss in guter Absicht (*»Entry will be refused if the bar is full«*), andere dagegen wirklich überraschend für eine Bar, in der Fußball gezeigt wird (*»Entry will be refused to persons wearing football team shirts«*). Aber das ist Kyoto, und das ist der Sommer. Ich höre undeutliche Wassergeräusche irgendwo aus der Ferne. Was bedeutet im Grunde schon der Fußball. Die Zeit verrinnt, und auf den Brücken entfernen sich in aller Stille flüchtige Silhouetten von Frauen auf Fahrrädern mit einem Sonnenschirm in der Hand.

Jetzt, wo die Regenzeit wirklich begonnen hat (bislang hatte diese Regenzeit die Besonderheit, dass es nicht regnete – und die Japaner sagen dazu, ohne aus der Fassung zu geraten, es sei eine *trockene* Regenzeit), kann man in einem dunstigen Tokio, wo feiner Sprühregen ohne Unterbrechung wie Wasserspray niedergeht, nichts Besseres machen, als sich bei Anbruch des Abends in den Schutz eines überdachten Stadions zu begeben. Bei meinen Gesprächen und Begegnungen hatte ich durch Zufall die Bekanntschaft eines Franzosen gemacht, der für einen japanischen Fernsehsender arbeitet, und durfte – ich hatte allerdings mehrere Stunden vor dem Anpfiff vor dem Stadion zu sein und dort auf Geheimagentenmanier, mittels eines schnellen Anrufs aus einer Telefonzelle zu einem Mobiltelefon am Eingang des Stadions, meine Ankunft mitzuteilen, dann Übergabe des Ausweises und geschäftiger Auftritt beim Gang durch die Kontrollen – von der Pressetribüne aus das Halbfinale Brasilien gegen die Türkei verfolgen. Zunächst hatte ich dort sogar eine kleine Kommentatorenkabine besetzt, mit eigenem Monitor für jeden Sitz (ich hätte mir um ein Haar noch die Kopfhörer aufgesetzt und das Spiel für irgendeinen unbekannten Sender live kommentiert, um noch glaubwürdiger zu wirken), bis ich in aller Höflichkeit von einer freundlichen Dame der Organisation gebeten wurde, mich einen Rang höher zu setzen, auf Sitzplätze mit der schönen Bezeichnung *Für Beobachter*.

Nach einer Stunde, in der ich beobachtete, wie sich das leere Stadion Saitama nach und nach mit Menschen füllte, kamen die türkischen Spieler heraus, um das Spielfeld zu begutachten. Sie waren noch nicht wirklich in Spielkleidung, hatten Flip-Flops an den Füßen und Videokameras in den Händen, mit denen sie sich gegenseitig auf dem Rasen dieses Halbfinales filmten, das sie gegen Brasilien austragen würden, sie waren genauso glücklich wie ich, hier zu sein, redeten mit ihren Anhängern, die sich in der Nordkurve drängten, wo eine Wiese rot-weißer Fahnen aufzublühen begann. Dann erschienen, ganz entspannt, die Brasilianer, in kleinen Grüppchen von drei oder vier, in ihren lustigen blauen Trainingsleibchen über den Trikots, die drei Torhüter in einem ähnlichen pyjamaähnlichen Gewand aus grauer Baumwolle, und begannen, sich locker aufzuwärmen und sich den Ball im gleißenden Licht des von Flutlichtstrahlern erleuchteten Stadions von Sitama betont lässig zuzuspielen. Mit stiller Genugtuung und unterdrückter Erregung entdeckte ich schließlich im Sucher meines Fernglases unter den Spielern, die sich unten auf dem Rasen streckten, die bekannten Gesichter von Ronaldo und Rivaldo, was mir, wie jedes Mal, wenn ich Brasilien ins Stadion kommen sehe, das Gefühl gab, eine zeitlose brasilianische Mannschaft vor Augen zu haben, wo ein Jairzinho und Roberto Carlos, ein Tostao oder Ronaldinho unter dem emblematischen und schützenden Schatten von Edson Arantes Do Nascimento, besser bekannt unter dem Namen Pelé, Seite an Seite nebeneinander stehen.

Wenn ich bei diesen Weltmeisterschaften in aller Treue zu Belgien gestanden habe und nur kurz zu Frankreich, so ist es doch immer Brasilien, das ich in meinem Herzen trage, wenn es um Fußball geht – was wäre der Fußball ohne Brasilien? –, mit seinem artistischen Spiel, seiner Technik und seiner Geschmeidigkeit, seiner Leichtigkeit und seiner

Schnelligkeit, in seinen schon seit Urgedenken existierenden gelben und grünen Farben und mit seiner bunten Schar von Anhängern, seinen Karnevalsköniginnen im Bikini und mit Diamantdiadem im Haar und den im Sommerabend wogenden, nackten, gebräunten Bäuchen, denen ich in der Schwüle des Stadions von Kobe gefährlich nahe gekommen bin. Das Spiel war noch nicht beendet, als bereits der Karneval in vollem Gange war und die Menge mit dem Trommler voraus die Stufen der Tribüne hinunter zu schreiten begann und im Vorbeigehen alle mitnahm, die eigenen Fans ebenso wie den völlig überforderten Ordnungsdienst, um am Spielfeldrand eine endlose Samba zu tanzen, während auf dem Spielfeld die elf legendären gelben Trikots weiter und weiter, zahllose Male wie Wellen über den Rasen glitten – hinein in die beglückten Fantasien der Kinder der ganzen Welt.

*

Nachdem Pierluigi Collina am 30. Juni 2002 auf die Minute genau Punkt 22.00 Uhr das Finale der Fußball-Weltmeisterschaft, die Begegnung Brasilien gegen Deutschland, abgepfiffen hatte, bin ich genauso wie alle anderen neben mir auf der Tribüne aufgestanden und habe die Arme in den Himmel gereckt. Seit Beginn des Spiels saß ich eingezwängt in einen Sitz in der Nordkurve, verfolgte die Begegnung zwischen einem alterslosen spanischsprachigen Paar und zwei jungen, mysteriös aussehenden Leuten, die vom indischen Subkontinent hätten stammen können, gedrungen und breitschultrig, mit nackten Oberkörpern unter weit ausgeschnittenen, weißen, ärmellosen T-Shirts (man neigt zuweilen zu sehr dazu, diese mythischen Finale zu idealisieren). Ich war hin- und hergerissen zwischen meiner verklärten Begeisterung für das brasilianische Spiel und meiner legitimen Liebe für die europäische Sache. Auf dem Rasen, der bereits von in alle Richtungen durcheinanderlaufenden Fotografen und Funktionären gestürmt wurde, sah man die niedergeschlagenen Deutschen und die außer sich vor Freude auf Knien betenden und Fahnen schwenkenden Brasilianer, während Schwärme japanischer Freiwilliger in grünen Overalls in aller Eile ein provisorisches Podest errichteten, und nachdem Cafu, der brasilianische Kapitän, den

Pokal an sich gerissen und ihn vor der Menge emporgeschwungen hatte, erhob sich im Stadion ein ungeheures Geschrei, begleitet von aus silberfarbenen Kanonen abgeschossenen Rauchkaskaden und Paillettenregen, und über die Zuschauer ergoss sich plötzlich vom Stadiondach eine Sintflut bunter Papierschlangen, überflutete die Tribünen, auf denen alle stehend applaudierten und die Arme hoben, bei dem Versuch, sie wegzuschlagen oder im Flug zu erwischen und mit den Händen zu greifen. Bei mir zu Hause habe ich noch heute, als Reliquien des Finales, drei solcher japanischer Papierschlangen, ich habe sie mit Absicht in den Farben Brasiliens gewählt: gelb, grün und blau.

Als ich die Zuschauertribüne verließ und in der schwülen Nacht an der Fassade des riesigen Betonkomplexes des Stadions von Yokohama entlangging, setzte ein fieser Sprühregen ein, zunächst nur leicht, dann immer kräftiger. Ich hielt kurz inne und öffnete meinen Rucksack, holte meinen transparenten Regenüberzug hervor, der noch nie seine Originalverpackung verlassen hatte. Ich hatte ihn zwei Wochen zuvor in Kobe gekauft, wenige Stunden vor der Partie Brasilien gegen Belgien, weil ich befürchtete, dass ein tropischer Platzregen mich bis auf die Knochen durchnässen könnte, und den ich seither zu jedem Match mitgenommen hatte. Ich streifte ihn über meine Kleidung, und, behängt mit diesem transparenten Regenschutz, der mich komplett von Kopf bis Fuß verhüllte, setzte ich meinen nächtlichen Weg fort, folgte der langsamen und gefügigen Menge, die sich zwischen einem aus Stewards und Polizisten gebildeten Spalier hinausschlängelte, die uns in der Dunkelheit mit der Spitze ihrer fluoreszierenden Schlagstöcke die Richtung wiesen, auch sie bekleidet mit einem Arsenal tropfender, nasser Regenmäntel. Eine merkwürdige Prozession bewegte sich so durch die schwülfeuchte Nacht von Yokohama in Richtung Metrostation, gelegentlich von gelbem Lichtschein bestrichen, der von ein paar Taxis oder Autobussen stammte, die in der Ferne auf den Parkplätzen manövrierten. Am Fuße der Hochbahnstation Kozukue mussten wir, aufgehalten von einem Sperrgürtel aus Polizisten, anhalten und traten dort einige Minuten vor dem Engpass des einzigen Eingangs auf der Stelle, da die Polizisten uns nur grüppchenweise zur Rolltreppe durchließen. Oben in der Station, wo sich die Menge vor den Schaltern drängte und die Regenschirme schüttelte, herrschte die stickig-feuchte Hitze öffentlicher Hallenbäder. Ich bewegte mich linkisch vorwärts, behindert durch meine Ganzkörperkleidung aus durchsichtigem Plastik, die aussah wie ein Post-Tschernobyl- oder Prä-Fukushima-Outfit, und schaute mich in der Halle um, wo ich nur drei Meter von mir entfernt, in der Nähe der Schalter an eine Mauer gelehnt, meinen Freund Romano Tommasini erkannte, einen Geiger des Berliner Philharmonieorchesters, der seinen Blick auf die vorüberziehende Menschenmasse schweifen ließ. Ich stiefelte, immer noch eingepackt in meinen tropfnassen Umhang, auf ihn zu und wollte mich ihm in die Arme werfen (in der Hoffnung, dass es auch wirklich er war und nicht irgendein Kerl, der da in aller Ruhe wartete), freudig und ungläubig, wie in einer dieser Wiedersehensszenen in italienischen Filmkomödien. Romano!, rief ich und umarmte ihn. Wir wunderten uns immer noch über den außergewöhnlichen Umstand, der uns hier inmitten von achtzigtausend Menschen zufällig am Ausgang des Stadions zusammengeführt hatte, als ein japanischer Herr sich behutsam den Weg zu uns hinüber bahnte, sich mir vorsichtig annäherte und mit leiser Stimme auf Französisch zu mir sagte: »Entschuldigen Sie, Monsieur, aber ich war gestern Abend bei Ihrem Vortrag im Institut Français, ich habe Ihnen eine Frage gestellt, erinnern Sie sich?«

Eine der wunderbaren Entdeckungen dieser Weltmeisterschaft war für mich das japanische Publikum. Während in Europa die Fußballfans vorwiegend männlich sind, gewaltbereit, rassistisch, abgefüllt mit Bier oder Wein, ist das Publikum in Japan leise, fein und feinfühlig, intelligent und kultiviert, oder anders gesagt: In Europa ist der Fußball Männersache, während es in Japan eher wie bei einem Schiffbruch heißen mag: Frauen und Kinder zuerst. Man geht zu zweit oder mit der Familie, mit Freunden, und sogar die jungen Mädchen gehen hin. Ich war überrascht über die Anzahl der jungen Mädchen, die allein in die Stadien kamen, bekleidet mit dem blauen Trikot der japanischen Mannschaft, das viel zu groß für sie war und auf ihren Schultern schwamm und um ihre Hüften schlackerte, und die das Ereignis wie ein spielerisches und friedliches Fest erlebten, wie ein Galaspektakel oder ein Feuerwerk, wie ein Megakonzert, bei dem die Rockstars Nakata und Beckham hießen. In der Untergrundbahn begegnete mir einmal ein kleines, viereinhalbjähriges Mädchen, das sein Vater zu einem Spiel mitnahm (ein wenig verschüchtert hatte es damit begonnen, mich mit seinen großen braunen Augen zu fixieren, bevor sie mich anlächelte, als ich sie fotografierte, und sich dann mit einem Fähnlein in der Hand und mit einer auf die Backe gemalten winzigen Japanflagge auf die Sitzbank kniete). Ich denke zurück an all die Japaner, deren Weg ich während der Weltmeisterschaft für einen kurzen Augenblick kreuzte, mit denen ich einen Blick oder ein Lächeln getauscht habe, die mich fotografiert haben oder von denen ich ein Foto gemacht habe – das kleine Mädchen in der Untergrundbahn, aber auch kichernde junge Mädchen, die sich selbst fotografierten, ein junger Vater, den ich auf der Tribüne mit einem Baby auf dem Arm sah, beide trugen das blaue Trikot von Ono, oder der junge Japaner mit nacktem Oberkörper, den ich in Kobe sah, der auf seinen Bizeps die belgische Flagge tätowiert hatte – ich sehe alle diese Leute vom Organisationskomitee wieder vor mir, Jungen und Mädchen, man hätte sie verwechseln können in ihren weichen Blousons aus gelb fluoreszierendem Plastik mit der schwarzen Aufschrift STEWARD, die am Eingang die Taschen kontrollierten und die man am Ausgang wiedertraf, wo sie ein Ehrenspalier für die Zuschauer bildeten und ihnen lächelnd und mit der Hand winkend ein »Auf Wiedersehen« zuriefen, oder die Hunderte Statisten bei der Abschlusszeremonie, die ich nach ihrer offenbar gelungenen Darbietung im Schatten eines der gigantischen Pfeiler unter dem Stadion von Yokohama überrascht habe, wie sie wie Kinder herumhüpften und sich gegenseitig gratulierten. Ich denke an all die Gesichter zurück, die ich für einen Augenblick in Zügen und Stadien getroffen habe, in all jenen ergreifenden und verschwundenen Stunden, die sich immer weiter entfernen und jetzt in der Zeit und in meinem Gedächtnis zu verwischen beginnen.

*

Wir sind Anfang der 90er Jahre, es ist meine erste Reise nach Japan, und ich schaue durch die Bambusrollos am Fenster meines Zimmers im Fujita-Hotel auf den Kamo. Der Himmel ist grau, das Flussbett so gut wie ausgetrocknet, kaum rinnt etwas Wasser zwischen den kurzen Gräsern und den Steinen. Damals, als ich ihn das erste Mal sah, war mir der Kamo, den ich heute so liebe, hässlich erschienen. Seit jetzt zehn Jahren beobachte ich das Fließen des Kamo, wie gleichsam das Sinnbild der verrinnenden Zeit, identisch und verschieden, bei Tag und Nacht, bei Sonne oder bei Regen. Jetzt, wo ich wieder einmal in Kyoto bin, spaziere ich entlang des menschenleeren Ufers nahe bei Demachhiyanagi, überquere eine Brücke, der Fluss führt fast Hochwasser, es ist ein reißendes Wildwasser, ich mache Halt an der Uferböschung, betrachte unter meinem durchsichtigen Regenschirm das Aufschäumen des Wassers, die Strömung, die Strudel – und zum ersten Mal erscheint mir der Fluss der Zeit als bedrohlich. Ich betrachte den Kamo und die Zeit, die flussabwärts dahinfließt und dröhnt: Im Rhythmus ihres Laufs altere ich.

DEUTSCHLAND, 2006

Ich hatte mir vorgenommen, mir bei der Weltmeisterschaft 2006 in Deutschland alle Spiele anzusehen, die in Berlin stattfinden. Sechs Begegnungen sollten im Berliner Olympiastadion ausgetragen werden, Brasilien-Kroatien, Schweden-Paraguay, Deutschland-Ecuador, Ukraine-Tunesien, dann das Viertelfinale und das Halbfinale. Ich habe mir im Internet eine Eintrittskarte für alle diese Spiele bestellt und wenige Tage später die Antwort eines Typs vom *Ticketing Center* bekommen, der mir in einem gerade noch passablen, aber steifen *Franglais* einen Benutzernamen und ein Passwort übermittelte (xbh_SG1_Z, so etwas vergisst man nicht). Ich habe gezahlt beziehungsweise versprochen zu zahlen, es war ein

Vermögen, und auf die Eintrittskarten gewartet, dachte derweil an anderes (an die Poesie, vielleicht). Schließlich habe ich KEINE EINZIGE Eintrittskarte für KEIN EINZIGES Spiel erhalten. *Sold Out. Ausverkauft.* Das Berliner Olympiastadion war für mich für alle Spiele der Weltmeisterschaft 2006 nicht zugänglich. Eine zusätzliche Auslosung, ähnlich der Trostrunde beim Boulespiel (bei der ich in aller Regel gute Erfolge habe), fand dann noch statt, und ich gewann einen Platz und damit eine kleine, schüchterne Tür, die sich für mich in die Geschichte der Weltmeisterschaft öffnete, es war vielleicht nicht gerade die Partie meiner Träume, aber immerhin ein Zugang zum Gral: eine Karte für das Spiel Schweden gegen Paraguay am 15. Juni (um es mit einem Begriff aus dem Sport zu sagen: Es war so etwas wie die Todesgruppe, keiner der beiden hat überlebt).

Am Tag des Spiels war ich deutlich vor der Zeit im Stadion, ich wollte jede gültige Minute meines wertvollen Tickets nutzen und spazierte seelenruhig durch die noch stillen Gänge des *Olympiastadions*, balancierte in meinen Händen einen durchsichtigen Plastikbecher mit Bier und eine

Bratwurst, die auf dem gekrümmten Pappteller gefährlich Richtung Senf schaukelte. Gedankenverloren stand ich immer wieder vor Tafeln, die auf Englisch und Deutsch die Entstehungsgeschichte des Stadions erklärten, machte eine Pause vor dem Olympiaschwimmbecken von 1936, das ich durch ein Absperrgitter betrachtete, während ich an meiner Bratwurst knabberte. Ich trug ein schwarzes T-Shirt, ein schwarzes Leinenjackett und einen Rucksack, meine liebgewonnene rote BELGIUM-Basecap lag seit dem frühen Ausscheiden Belgiens in der Vorrunde im Schrank der Enttäuschungen (ich hatte sie in Brüssel gelassen, was hätte ich mit einer BELGIUM-Mütze auf dem Kopf bei einem Spiel von Schweden gegen Paraguay gemacht?). Ich hätte natürlich mit den ziemlich vielen Zuschauern, die ebenfalls das Thema verfehlt hatten, in Wettstreit treten können: Es gab eine Menge brasilianischer und deutscher Trikots um mich herum in den Gängen, ein paar australische Mützen, hier und da Mexikotrikots, Hollandschals, Japanmützen, und sogar ein Typ in einem Trikot der Peruaner, zu dem ich gehen und die Hände hätte schütteln können, um ihn meiner Sympathie zu versichern, von Anhänger zu Anhänger gewissermaßen eines ausgeschiedenen Landes. Die Gänge des Stadions füllten sich nun immer mehr mit Schweden, mit Tausenden von Schweden in gelben Trikots, darunter gemischt einige blaue mit der Aufschrift SVERIGE, mit Wikingerhelmen und blau angemalten Gesichtern, überall Fahnen, Haarbänder, Haarreifen, Armbänder, Trompeten, Perücken in Gelb und Blau, die Schwedinnen mit kleinen, auf Wangen, Stirn, Schultern, Unterarmen und Waden tätowierten Flaggen (an anderen Stellen wahrscheinlich auch, stelle ich mir vor, aber ich hatte nicht die Muße, das herauszufinden). Ich spazierte inmitten dieser kompakten, immer lauter werdenden gelben Masse und muss zugeben, dass es mir nicht gleich auffiel, bis es mir wie Schuppen von den Augen fiel: Ich war der einzige Mensch im Stadion, der ein Jackett trug. Ich entschied, das Jackett auszuziehen, nun gut (in Berlin waren es im Schatten der imposanten neoklassizistischen Säulen des Olympiastadions knapp 30 Grad), und machte mich auf den Weg zu meinem Sitzplatz in der Westkurve am Marathontor. Ich saß ziemlich weit oben im Stadion, unter der großen Steinuhr (offenbar defekt, der einzige feierliche

Zeiger hat sich während des gesamten Matches keinen Zentimeter weiter bewegt, aber das war das Einzige, was sich um mich herum nicht bewegt hat). Wenige Minuten vor dem Anstoß, in denen sich unvermeidlicherweise die letzten unbesetzten Plätze mit verspäteten Skandinaviern füllten, nahmen zwei ausgesprochen abgefahrene schwedische Verrückte neben mir Platz, beide mit Perücken, tätowiert, angemalt, bepackt mit Fahnen und Ratschen, bereits betrunken und völlig übersteuert, ein Junge und ein Mädchen, zu denen ich über das ganze Spiel hinweg ein doch sehr distanziertes Verhältnis unterhielt, eine minimalistische Herzlichkeit, erzwungen durch das Zusammengepferchtsein, bis in der 89. Minute das entscheidende Tor der Schweden fiel und das Eis gebrochen war und mein Nachbar (nennen wir ihn Sven, wenn Sie wollen) in seinem überschwänglichen, ausufernden und chaotischen Jubel alles umarmte, was in Reichweite kam, zuerst seine Freundin, dann die vor ihm sitzenden Schweden, die hinter ihm, neben ihm, und als er niemanden mehr fand, mit dem er das Siegestor feiern konnte, und nicht mehr wusste, wen noch mit seinem expansionistischen Schwung beglücken, warf er sich in meine Arme und umarmte mich auf der Zuschauertribüne des Stadions, wie ich nur selten in meinem Leben umarmt wurde (dabei war ich für Paraguay).

SÜDAFRIKA, 2010

Man könnte glauben, ich mache hier vielleicht einen Scherz, aber es ist wahr, langsam beginne ich, vom Fußball genug zu haben. Ich werde übrigens nichts über diese Weltmeisterschaft von 2010 erzählen. Kein Wort über Südafrika.

In Le Mans, weil ich mich in Le Mans aufhielt (die Weltmeisterschaft 2010 begann für mich im Departement Sarthe), hatte ich das Gefühl, im Ausland zu sein, vielleicht, weil alles um mich herum Englisch oder Deutsch sprach. Ich fühlte mich wie in einem permanenten Jetlag, was mir immer häufiger und überall auf der Welt passiert, immer fühle ich mich wie »in dieser leichten Verzerrung der Realität, einer Distanz, einer Verschiebung, einer winzigen, jedoch fundamentalen Unstimmigkeit zwischen der gleichwohl vertrauten Welt, die man vor Augen hat, und der entfernten und abgehobenen Art, in der man sie wahrnimmt«. Ich muss allerdings zugeben, ich habe meinen Teil dazu beigetragen. Gegen einundzwanzig Uhr kam ich seit dem Start des Rennens das erste Mal in mein Hotel zurück, erschöpft wie ein Rennfahrer, mit kleinen, stechenden, müden Augen und Brummen in den Ohren. Meinen großen, in Plastik eingeschweißten Eintrittsausweis trug ich lässig um den Hals, meine Mütze verkehrt herum auf dem Kopf, Motorenöl klebte an Fingern und Kinn (ich übertreibe etwas, es war vielleicht bloß die Mousse au Chocolat vom Buffet der VIP-Lounge) – immerhin ein echter Rennpilotenlook, fehlte nur der feuerfeste Overall mit dem Brustschutz und den verstärkten Ellbogen –, ich nähere mich der Rezeption – ein französisches Provinzhotel, sehr *cosy*, hinter dem Tresen eine junge Frau in blauem Kostüm (Le Mans, klar, das ist französische Provinz, ein Film von Chabrol, von Ferne ein Geruch nach Bœuf Bourguignon, das irgendwo in der Küche schmort). Ich lasse meinen Rucksack auf den Tresen fallen, ziehe mir die schweißverklebte Mütze vom Kopf, nach sechs Stunden Rennen bin ich müde, und sage zu der jungen Frau: »Ich werde jetzt eine kleine Siesta machen.« Leicht erstaunt blickt sie zu mir auf. »Können Sie mich um zehn Uhr wecken?«, sage ich zu ihr. Und präzisiere: »Zweiundzwanzig Uhr!« (weil man in der Provinz in der Regel um einundzwanzig Uhr keine Siesta macht, nirgendwo auf der Welt übrigens). Sie notiert meinen Wunsch in ein großes Heft, nickt mit dem Kopf, ist notiert, und ich gehe auf mein Zimmer. Ich ziehe die Vorhänge zu, denn im Juni ist es im Departement Sarthe um einundzwanzig Uhr noch hell – man denkt, man sei in Helsinki –, ich schalte den Fernseher an, und während ich nachlässig anfange, mich auszuziehen, um zu duschen, sehe ich mit halbem Auge, dass England im *Royal Bafokeng Stadium* von Rustenburg mit 1:0 gegen die USA vorne liegt. Denn wenn das 24-Stunden-Rennen von Le Mans vor sechs Stunden begonnen hat, hat seit mehr als vierundzwanzig Stunden – welch Symmetrie! – in Südafrika die Fußball-Weltmeisterschaft begonnen, und ich habe bisher noch kein einziges Spiel gesehen (ein paar einzelne Bilder vom Eröffnungsspiel Frankreichs, im Vorübergehen, am Vorabend im Restaurant, als ich das Galadiner zu Ehren Jeff Koons für einen kurzen Moment verlassen habe).

Jeff Koons, mit dem ich vierundzwanzig Stunden mehr oder weniger zusammengelebt habe und in dessen engste Entourage ich aufgenommen worden war, erschien mir wie ein weit entfernter und noch kaum bestimmter Satellit (ich bin nicht sicher, ob er wirklich wusste, wer ich war). Ich kreiste meistens allein in meiner Ecke ein paar Kabellängen entfernt von dem Koons'schen artistischen Wirbel, den er entfachte, änderte nur selten meine Umlaufbahn und begab mich nur einmal auf eine sachte und behutsame elliptoide Annäherungskurve (manchmal auch eine geostationäre, was kein gutes Zeichen ist), um mit ihm auf den Straßen von Le Mans ein paar Worte zu wechseln (über seine jüngsten Reisen, nach Peking insbesondere, wo er eine Ausstellung vorbereitete). Ganz anders als in seinem eleganten grauen Anzug englischen Zuschnitts und mit der schmucklosen Krawatte, die er auf den neueren Photos trägt, hatte Jeff Koons an diesem Abend in Le Mans ein ziemlich ausgeleiertes kleines weinrotes Polohemd an (das vage an eine Pyjamajacke erinnerte), und er antwortete mir auf dem Weg zum Restaurant sehr zuvorkommend auf meine Fragen. Mit seinem jugendlichen Gesicht, der feingliedrigen professoralen Nickelbrille erwies er sich als ein offener und sympathischer Mann (vierundzwanzig Stunden lang ist er allen Wünschen bereitwillig nachgekommen – Fragen, Fotos, Autogramme – mit einer bemerkenswerten Großzügigkeit, einem immergleichen Lächeln und einer wahren Engelsgeduld). Er erzählte mir, er sei gerade aus China zurückgekehrt, wo er etwas für eine Ausstellung vorbereiten wollte, und dass er jedes Mal seine ganze Familie mit sich nehme, seine Frau und seine vier Kinder, vier kleine Blondschöpfe, alles Jungs, im Alter von zwei bis zehn Jahren, alle in identischen T-Shirts, blau an einem Tag, rot am nächsten (er trug übrigens während unserer Unterhaltung einen dieser Blondschöpfe auf den Armen und wollte ihn an einer Fußgängerampel bei Rot absetzen, war jedoch gezwungen, den Kleinen wegen dessen heftigen Protests gleich wieder hochzunehmen), und nicht zu vergessen ein Baby, das im Bauch der Mutter auf seine Geburt wartete (allem Anschein nach ein Mädchen – Gratulation, Jeff), und zwei Babysitter (ich vergesse niemanden). Diese ganze hübsche Gesellschaft wuselte zwischen den Beinen der Pressesprecher von BMW und der anwesenden Journalisten herum, kletterte auf die Tische, schrie, kreischte, rief dazwischen, knuffte sich, versetzte Schläge und trat sich ans Schienbein, beklagte sich und heulte, alles unter dem gerührten Lächeln der Presse, indes der Papa (dad) weiter mit der Gelassenheit eines Zenpriesters seine Autogramme schrieb (und sich dabei fragte, ob er wohl die Lärmschutzkopfhörer mit nach Hause nehmen dürfe, die ihm für das 24-Stunden-Rennen von Le Mans zu Verfügung gestellt worden waren).

Nach meiner Siesta (gegen dreiundzwanzig Uhr) holte mich ein Fahrer der Organisation vom Hotel ab, und ich begab mich wieder auf den Weg zum 24-Stunden-Rennen von Le Mans. Inzwischen war es gerade dunkel geworden, und ich döste vorn im Wagen vor mich hin, mit meinem Rucksack auf den Knien. Wir waren noch nicht an der Rennstrecke angekommen und hatten noch keinen einzigen Wagen auf der Piste gesehen, als sich in der Ferne plötzlich ein Lärm erhob, der sich uns näherte und uns dann mit einem Schlag und mit aller Gewalt überfiel – der infernalische Lärm in der Nacht unsichtbar vorbeirasender Rennwagen –, ein Lärm, der mit keinem anderen vergleichbar ist, es ist die immer gleiche Abfolge identischer Töne, das Aufjaulen der Motoren, mit dem Höhepunkt eines höllisch lauten Dröhnens, dann einige letzte Fehlzündungen und das leiser werdende Geknatter zum Ende der Geraden hin. Wir waren noch einige hundert Meter vom offiziellen Eingang der Rennstrecke entfernt, die man hinter hohen, stacheldrahtbewehrten Mauern erahnte, als ich, mich in meinem Sitz etwas aufrichtend, durch die Windschutzscheibe ein Feuerwerk aufsteigen sah, das auf einem der großen Parkplätze am Rand der Rundstrecke abgebrannt wurde, wohl privater Natur, zwei oder drei kurzatmige Raketen, die wie in Zeitlupe den Himmel mit einem Regen herabfallender Pailletten überfluteten. Ich betrachtete die Raketen, die lasch und fast lautlos im Himmel explodierten, und überlegte, ob dieses unglaubwürdige Feuerwerk – wie von Komparsen abgefeuert, um meine Metapher vorzubereiten – gerade die Vorbeifahrt des *Art Car* von Jeff Koons feierte.

Ich würde nachts den *Art Car* von Jeff Koons schon von weiter Entfernung wahrnehmen, zunächst das Scheinwerferlicht und den stetig anschwellenden Motorenlärm, dann würde er in der Corvette-Kurve auftauchen, beschleunigen und in Höchstgeschwindigkeit an den hohen Schutzgittern der Strecke entlangrasen, wo die Streckenkommissare in den selbstreflektierenden gelben Warnwesten wie zartgliedrige reglose Silhouetten stehen, an Ort und Stelle erstarrt kraft der Geschwindigkeit des Wagens, der mit Donnergedröhn vor ihren Augen wie ein horizontaler Blitz in der Nacht vorbeisausen würde. Nicht einen Rennwagen würde ich hier vorbeirasen sehen, sondern ein Konzept von Licht in Bewegung, das elektromagnetische Spektrum in seiner Ganzheit, durch die Geschwindigkeit zusammengeschmolzen und ineinandergeflossen, in einer Symphonie von vielfarbigen Pailletten, von Segmenten und gebrochenen Linien, gleichsam eine Garbe reiner, strahlender und greller Farben aus

Rot, Orange, Gelb, Grün und Blau würde waagrecht in der Nacht dahingleiten, autonom und frei wie Irrlichter, der Ausbruch einer Idee von Macht und Energie, der flüchtige Vorbeiflug eines heißglühenden Meteors aus Farbe und Feuer. So also stellte ich es mir vor, was ich bei der Vorbeifahrt des *Art Car* sehen würde: ein Feuerwerk aus Farben in der Nacht.

Aber als ich an die Rennstrecke kam, erfuhr ich, dass der *Art Car* aufgegeben habe. Nach nicht einmal acht Stunden Rennen war alles vorbei, der *Art Car* war zurück in die Box gefahren, und wahrscheinlich war man jetzt dabei, ihn wie einen einfachen Christo einzupacken. Jeff Koons war ins Hotel zurückgekehrt (sehr enttäuscht, wie es scheint). Auch ich war enttäuscht. Ich hatte beim 24-Stunden-Rennen von Le Mans nichts mehr verloren und blieb auch nicht viel länger dort (vor zwei Uhr morgens war ich wieder im Hotel). Keine Ahnung, ob Jeff Koons Zeit hatte, sich umzuziehen, oder ob er noch immer seinen prächtigen, gepolsterten weißen Rennfahrer-Overall trug, den man ihm für die Teilnahme am Rennen zur Verfügung gestellt hatte, mit dem farbigen Motiv des Wagens auf dem Rücken, wie das gigantische Markenzeichen des Modeschöpfers Paul Smith, mit denselben vertikalen, lebhaften und farbigen Streifen. Dabei hätten wir beide gemeinsam unsere Enttäuschung bei einem letzten Glas in der menschenleeren Bar dieses Hotels in Le Mans lindern können, jeder auf seinem hohen Barhocker, in diesem gedämpften Licht einer Provinzhotelbar.

BRASILIEN, 2014

Anfang des Jahres 2014 durchlebte ich eine schwierige Zeit. Dezember 2013 starb mein Vater, und ich hatte mit *Nackt* gerade einen Romanzyklus beendet, der mich über mehr als zehn Jahre beschäftigt hatte. Ein Kreis hatte sich geschlossen und ließ mich leer und ratlos zurück. Ich fand mich in einer Krise wieder, in einem Moment von vorübergehendem Zweifel, Unsicherheit und Niedergeschlagenheit, was mich dazu führte, mir über den Sinn meines Lebens und meines literarischen Engagements Fragen zu stellen.

Es war genau zu dieser Zeit, im Sommer 2014, während oder kurz nach der Fußball-Weltmeisterschaft, dass zweimal Glühwürmchen meinen

Weg gekreuzt haben. Das erste Mal war es wirklich ein Glühwürmchen, ein leuchtend grüner Wurm, den ich überraschend in der Dunkelheit entdeckte. Es war spät am Abend, in der Nähe der Mülltonnen, als in der warmen korsischen Juninacht an einer kleinen Böschung, aus der Dunkelheit zwischen Gras und steinigem Boden, ein Glühwürmchen auftauchte, wie eine kleine Luftschlange aus hell leuchtendem Grün, kristallin und flüssig, und sein fragiles und immobiles Signal aussendete. Das zweite Mal handelte es sich um das körperlose Glühwürmchen aus Georges Didi-Hubermans Buch *Überleben der Glühwürmchen*. Ich hatte es zufällig im Juni in Paris, in einer Buchhandlung im Palais de Tokyo, entdeckt, und seine Lektüre hat mir die Art von unerwartetem Glück bereitet, die auch das plötzliche Auftauchen eines Glühwürmchens in der Nacht hervorrufen kann, eine kleine wundervolle Rarität, ein zufälliges Aufeinandertreffen, das den Geist erleuchtet und die Dunkelheit mit einer zarten lumineszierenden Stimulation erhellt.

Was heißt heute, in der Welt, in der wir leben, »erschaffen«? Es heißt, ab und zu in einem nicht be-

scheidenen, aber kleinen Akt des Widersta
Zeichen zu setzen – ein Buch, ein Kunstw
das einen kleinen, fast nutzlosen Schimmer in
Nacht aussendet. Seit Monaten kreisten meine Gedanken um diese Idee und diese Fragen, und das Buch von Didi-Huberman war für mich dieses Glühwürmchen. Was mich das Buch von Didi-Huberman begreifen ließ, war, dass nicht das Dunkel der mich umgebenden Welt das Problem darstellte, sondern im Gegenteil deren Übermaß an Helligkeit. Was ich in dreißig Jahren beharrlicher Arbeit als Schriftsteller gemacht habe, war einfach das Bemühen, ein Stück Menschlichkeit zu bewahren und eine Haltung mit Feingefühl, Zartheit, Sanftheit und Würde. Was unter dem Gesichtspunkt der unmittelbaren und vordergründigen Vorteile – also Ruhm, Geld, Berühmtheit, kurz gesagt all das, von dem noch der kleinste Fußballstar überflutet wird – mir vielleicht nicht viel einbringen würde, aber von exemplarischem Wert für meine Kinder wäre und durch sie für künftige Generationen, ganz allgemein für die menschliche Spezies. Trotz der Schwierigkeiten, trotz der Härte der Aufgabe, musste ich durchhalten. Nicht von der einge-

schlagenen Bahn abweichen, mich vom Lärm und Trubel der Welt fernhalten. Mich nicht durch das blendend grelle Licht der *wilden* Scheinwerfer täuschen lassen, von denen Didi-Huberman spricht, »die Scheinwerfer der Wachtürme, der Politshows, der Fußballstadien, der Fernsehkulissen«. Nicht, dass ich das Licht ablehne oder fürchten würde. Aber um etwas zu erschaffen, brauche ich Schatten, Stille und Einsamkeit.

Am Ende seines Textes erwähnt Didi-Huberman Hannah Arendts Buch *Menschen in finsteren Zeiten*, und ich merke mir den Ausdruck »finstere Zeiten«, der sich über meinen Trübsinn breitet wie besänftigender Balsam. Im Allgemeinen mag ich keine Jeremiaden und auch abfällige Urteile über unsere Epoche sind nicht meine Sache (selbst wenn ich Zahnweh habe). Die Übellaunigen aber, die sich über ihre Zeit beklagen, erinnere ich an das Beckett-Zitat aus *Warten auf Godot*: »So ist der Mensch nun mal: Er schimpft auf seinen Schuh, und dabei hat sein Fuß schuld.« Aber ich gebe zu, dass die Zeiten in Europa heute finster sind. Wo sind die Ideale geblieben? Die Scheinheiligen wollen uns ködern, die Ratgeber uns täuschen, selbst die Scheinwerfer der größten Leuchttürme drehen sich, ohne eine Spur im blind machenden Licht des Gewöhnlichen zu hinterlassen – was soll man also sagen über den fragilen Schimmer der Glühwürmchen? Wie Hannah Arendt sagt, ist der Mensch in der Situation desjenigen, der mit einer Zeit konfrontiert ist, in »der die Öffentlichkeit doch die Leuchtkraft verloren hat«. Eine Zeit, »in der wir uns in der Ordnung der Gründe nicht mehr ›erleuchtet‹ beziehungsweise ›aufgeklärt‹ (éclairé) fühlen und in der Ordnung der Affekte nicht mehr ›leuchtend‹«. Und Georges Didi-Huberman fasst zusammen: »In einer solchen Situation werden einige die Handlungsweise wählen, sich ›aus der Welt‹ des *Lichts* zurückzuziehen, gleichzeitig aber auf etwas hinzuarbeiten, das ›der Welt noch nützlich‹ sein kann, irgendein Schimmer, kurz gesagt.«

Ich habe nicht ein Wort über die Fußball-Weltmeisterschaft in Südafrika geschrieben, und ich ging davon aus, auch dieses Jahr die Weltmeisterschaft in Brasilien außen vor zu lassen. Den Sommer 2014 habe ich auf Korsika verbracht, in dem Haus in Barcaggio, in dem es keinen Fernsehapparat gibt und wir bis zum letzten Jahr auch kein Telefon oder Internet hatten. Ich glaubte, diese Weltmeisterschaft würde ganz ohne mich stattfinden, dass sie letzten Endes im Wesentlichen durch Abwesenheit gekennzeichnet wäre. Die Abwesenheit meines Vaters zuallererst (diese Weltmeisterschaft war die erste, die ohne meinen Vater stattfand), und vielleicht auch ein unbewusster Nachklang meiner eigenen Abwesenheit, meines willentlichen Rückzugs von der Welt, um mich dem Schreiben zu widmen, meines Verschwindens, meiner persönlichen Mondfinsternis. Die Weltmeisterschaft in Brasilien hatte also ohne mich begonnen, ich war am 12. Juni 2014 nicht beim Eröffnungsspiel in São Paulo dabei, saß auch nicht vor einem Fernsehgerät, hielt mich nicht einmal in der Nähe eines Radios auf. Wobei es durchaus, ich weiß, wovon ich rede, seinen antiquierten Charme hat, Übertragungen von Fußballspielen im Radio zu hören, wie damals im Jahr 2013 auf Korsika bei diesem Champions-League-Finale zwischen Juventus und AC Mailand, das ich auf dem Bett liegend, die Fensterläden weit in die Frühjahrsnacht geöffnet, im Radio verfolgt habe. Aber nein: Nur der Literatur, und ausschließlich der Literatur, wollte ich mich in diesem Sommer widmen. Schon immer war ich auf der Suche nach einem verborgenen, von der Welt abgeschlossenen Ort gewesen, einem warmen und beruhigenden Ort, der nur in den Träumen existiert und einmal zum Bild eines Badezimmers in meinem ersten Roman wurde, ein Ort, der jetzt aber nur noch die Literatur selbst sein konnte. Ich hatte die Absicht, mich in diesem Sommer in die Literatur zurückzuziehen, mich auf sie zu beschränken und mit ihr zu verschmelzen.

Zwei Arten von leichter Niedergeschlagenheit haben das Schreiben der Romane meines Marie-Zyklus begleitet. Die eine, dass der Roman, an dem ich gerade schrieb, nicht meine Erwartungen erfüllen würde (er war möglicherweise gut, aber sicherlich nicht so gut, wie er hätte sein können, nicht so gut, wie ich es mir gewünscht hätte), und die andere, ganz im Gegensatz dazu, dass das Buch sehr gut war, aber eben so gut, dass die wirkliche Welt im Vergleich zu ihm ihren Reiz verlöre und ich im Schreiben des Buches solche aquatischen Tiefen erreichte, solche abgelegenen, dunklen und zauberhaften unterseeischen Landschaften durchstreifte und dabei derartige Entdeckungen in mir machte und mit solchen Schätzen bepackt zurückkehrte, dass die wirkliche Welt, nachdem ich wieder an der Oberfläche aufgetaucht wäre, mich nur noch enttäuschen könnte. Kaum dem Wasser entstiegen, aus dem Schreibprozess mit all seinen Entzückungen und ohne dessen Herausforderungen und dessen Disziplin wieder aufgetaucht, zögerte die wirkliche Welt nicht, mich unzufrieden zu machen, wodurch ich sehr schnell eine *Weltenttäuschung* empfand. Doch diese Enttäuschung und diese grundsätzliche Unzufriedenheit, die mich begleiten, wenn ich nicht schreibe – die mich tatenlos und in Socken auf meinem Bett liegen lassen (Sie kennen mich) –, war in Wahrheit der Stachel, den ich brauche, um mich wieder an die Arbeit zu machen. Also kehrte ich dorthin zurück und machte mich wieder ans Schreiben, und die Weltenttäuschung verschwand, um mich wieder dem Zweifel, der Stille und der Unsicherheit, dieser grundlegenden Unruhe zu überlassen, die seit jeher das Schreiben begleitet.

Wenn ich nicht schreibe, scheinen mir alle alltäglichen Erfahrungen, mit denen ich im Leben konfrontiert bin, die glücklichen, aber vor allem die schmerzhaften, jene, die mich wund reiben oder verletzen, sich völlig ohne Sinn zu ereignen. Sie gleiten an meinem Leben ab, prägen es nicht, es gibt nichts, woran sie sich festkrallen könnten, sie ereignen sich einfach so, wie sie sich für einen Baum ereignen würden, den lieben Olivenbaum in meinem kleinen Garten. Ganz im Gegenteil dazu, ist ein Buch im Entstehen, nützt mir alles, ist alles mir hilfreich, ich reiße alles an mich, was sich um mich herum ereignet, um daraus Honig zu ziehen. Zu jeder Stunde des Tages, ob ich am Strand laufe oder unterwegs, in der Macchia, auf dem Weg zum alten Turm, ob ich im Meer schwimme oder in meinem kleinen Garten lese oder ob ich schlafe, immer ist da eine unermüdliche Arbeit des Reifens im Gange. Und selbst wenn ich nichts auf dem Computer schreibe, ist das Buch in Bewegung gebracht und der Schreibprozess hat begonnen. Im Unterschied zu den Abschnitten meines Lebens, in denen ich nicht schreibe, wird das neue, noch kaum vorangeschrittene Projekt, so wenig Gestalt es auch angenommen haben mag, zum Magnet für mich, zu einem haltversprechenden Anker, an den sich Tausende nährender Substanzen, die ich um mich herum in der äußeren Welt sammle, zu kleben beginnen, wie Muscheln an den Pfahl, während das entstehende Buch, fruchtbar gemacht durch die angesammelte Zufuhr, in meinem Kopf zu wachsen und sich auszubreiten beginnt.

*

Der Anblick mir gegenüber in dem großen Zimmer des Hauses in Barcaggio ist unveränderlich derselbe, die beiden türkisblauen Sessel und der kleine Garten, den ich durch das Fenster sehe. Hier schreibe ich, wenn ich auf Korsika bin, in diesem Raum, der früher einmal das Klassenzimmer der Gemeindeschule war (das Haus war die ehemalige Schule des Dorfs), und ich habe das Gefühl, dass seine Atmosphäre noch mit bestimmten Bildern aus meinen Büchern gefüllt ist, als ob das Zimmer die geheime Erinnerung der hier verbrachten Arbeitsstunden bewahrt hätte. Ich bin nicht abergläubisch, bin aber überzeugt, dass Orte gutartige Wellen aussenden können und dass bestimmte Orte für die Liebe oder das künstlerische Schaffen geeigneter sind als andere, dank der gelebten Vergangenheit, die weiter in ihnen wohnt, als wenn immaterielle Spuren ihrer Geschichte noch immer in der Atmosphäre schweben. Zu den unsichtbaren Wellen, die von den jungen korsischen Schülern stammen, die in diesem Raum Ende der 1950er Jahre Unterricht hatten, kommen also, seitdem ich hier schreibe, nicht greifbare Relikte der Bilder aus meinen Büchern hinzu. Ich brauche nur meinen Blick vom Computer auf das leere Zimmer vor mir zu richten, und schon sehe ich dort ganz sachte die Place Saint-Sulpice vor mir erscheinen, wie eine Theaterkulisse taucht sie aus der Vergangenheit in meinen Geist und beginnt, das Zimmer mit seiner stummen Präsenz in Beschlag zu nehmen. Als ob das Bild des Platzes, das ich hier an diesem selben Schreibtisch 1986 heraufbeschworen habe, sich nun wieder mit Leben füllt, indem es erneut wieder eintaucht in die Quelle, aus der es entstand, in den Geist, der sie erschuf; ich sehe vor meinen Augen die Umrisse der marmornen Kirchenfassade sich mit dem Pflaster des Platzes und den Rundungen der Visconti-Fontäne zusammenfügen, alles nimmt vor mir für einen Augenblick Gestalt an, bevor es sich fast sofort wieder in den Limben der Erinnerung auflöst. Es sind alle diese Bilder und eine Vielzahl mehr, die, gespeist von meiner Vergangenheit und beladen mit schriftstellerischer Arbeit, gefüttert mit Gefühlen und gesättigt mit Erinnerungen, jetzt alle auf einmal auf mich eindrängen. Es ist dieser sehr weit zurückliegende und wie auf ewig im Fluss der Zeit erstarrte Regen, der immer noch wie in Zeitlupe in meiner Erinnerung fällt und dabei ad infinitum das helle Strahlenbündel eines Scheinwerfers im Hafenbahnhof von Newhaven durchquert. Es ist diese Reihe roter, in sich verdrehter Laternen, die nicht aufhört, die Flucht der Figuren auf dem Motorrad im Roman *Fliehen* zu begleiten, es ist das Halbblut Zahir, das still über das Rollfeld des Narita-Airports galoppiert, bevor es von der Dunkelheit verschluckt wird und sich langsam in der Erinnerung wieder auflöst. Ich habe das Gefühl, alle diese vertrauten Bilder schweben hier weiter in der Luft, nicht auf eine materielle Weise, wie etwa Feuchtigkeit oder Salpeter, die sich im Mauerwerk festsetzen, sondern auf unsichtbare Weise, gespeichert in der Aura des Orts, die mit vergrabenen Erinnerungen und verlorengegangenen Empfindungen gesättigt ist. Und doch geschah es hier, in diesem Sommer, dass sich über diese Allgegenwart meiner literarischen Bilder, die in der Atmosphäre des großen Zimmers des Hauses in Barcaggio schlummern, *wesensfremde* Bilder gelegt haben, lebensnahe, ruchlose, raue und gewöhnliche Bilder – triviale Bilder, profane Bilder: Fußballbilder.

An diesem Ort, in diesem Sommer, ist mir ein veritabler Kurzschluss passiert, ein frevelhafter Zusammenprall, die fatale Überlagerung ihrem Wesen nach grundsätzlich unterschiedlicher Bilder. Als wäre es einem bösartigen Virus blitzartig gelungen, in meinen Arbeitsplatz einzudringen, in dieses von der äußeren Welt beschützte Zimmer, in dem die zerbrechlichen und poetischen Bilder meiner Bücher entstehen, und kaum hatte er meine Abwehrkräfte geschwächt, meinen Widerstand neutralisiert und meine schöpferische Kraft gelähmt, übernahm er auch die Kontrolle über mein Arbeitsgerät und infizierte meinen Computer. Denn auf demselben Computer, auf dem ich meine Bücher schreibe, habe ich mir zum ersten Mal ein Fußballspiel per Streaming angeschaut.

Aber wie konnte es dazu kommen, dass ich (der ich bis dahin nicht einmal das Wort kannte und kaum die Technik), mir ein Fußballspiel per Streaming angeschaut habe, nachdem ich über eine Woche lang so peinlich darauf geachtet hatte, mich von dieser Weltmeisterschaft, die in Brasilien begann, fernzuhalten und mich ausschließlich der Literatur zu widmen? Ich weiß es nicht. Vielleicht lag es daran, dass ich eines sehr frühen Morgens gegen halb sieben in dem Haus in Barcaggio, in dem noch alles schlief, mit meiner Tasse Kaffee in mein leeres Arbeitszimmer schlich und mich an den Schreibtisch aus Eichenholz setzte, um mit dem Schreiben zu beginnen, zunächst aber im Internet meine Mails der vorigen Nacht abrief und darauf, mein Gott, was ist denn Schlimmes dabei, bevor ich mit Schreiben anfing, noch schnell einen Blick auf die Spiele werfen wollte, die am Vorabend in Brasilien stattgefunden hatten. Nur, um die Ergebnisse zu sehen, nichts anderes. Das war jedoch, so fürchte ich, die erste Leichtfertigkeit, das erste schuldhafte Nachlassen meiner Wachsamkeit. Denn nun kam eins zum anderen, und bevor ich mich versah, die Zeitungen und Radiosender sprachen ja von nichts anderem als von dieser Weltmeisterschaft – und die ersten Höhepunkte gab es bereits, den umstrittenen Sieg Brasiliens im Eröffnungsmatch oder den kurzlebigen Erfolg Italiens gegen England in der schwülwarmen Nacht von Manaus –, bin ich noch einen Schritt weitergegangen und habe mich über die verschiedenen legalen Angebote der Übertragung per Streaming informiert, und, na ja, was soll's, ich habe mich selbst überlistet und ein Abonnement bei beIN SPORTS CONNECT gekauft. Das Verfahren ist simpel, man zahlt eine Pauschale von zwölf Euro für die Gesamtheit der Spiele der Weltmeisterschaft, wählt einen Benutzernamen und ein Passwort, lädt sich die Software Silverlight herunter und erhält zum jeweiligen Zeitpunkt der Spiele, beinahe in Echtzeit, die Videoübertragung auf den Computer mit einer Auflösung von 720 Pixeln, mit einer nahezu unmerklichen Zeitversetzung, ein Hauch, ein Atemzug, eine Verzögerung von fünfundzwanzig Sekunden gegenüber dem digitalen Fernsehen.

So habe ich mir also allein im großen Zimmer von Barcaggio das Halbfinale dieser Weltmeisterschaft 2014 angesehen, in dem sich die Niederlande und Argentinien gegenüberstanden. Das Zeremoniell meiner Vorbereitung war immer das gleiche, ich stellte meinen tragbaren Computer auf das Sofa im Zimmer, etwas erhöht, quasi eine Opfergabe auf einem kleinen, weltlichen Altar, der aus zwei oder drei Bänden der Encyklopaedia Universalis bestand (paradoxe Huldigung der Tugend an das Laster), schob einen der beiden türkisblauen Sessel vor den Bildschirm und setzte mich vor das Sofa. Aber was ich von diesem Moment an dann in Wahrheit von dieser Weltmeisterschaft per Streaming auf meinem Computer zu sehen bekam, waren Spiele, die unabhängig von den tatsächlichen meteorologischen Bedingungen, die in Brasilien herrschten, unveränderlich im Nebel stattfanden. Und manchmal, nach einem Hicksen des Bildes und kurzen Aussetzern, stoppte die Übertragung völlig, und in der Mitte des Bildschirms erschien die sybillinische Botschaft: *buffering* (auf Englisch, kursiv, mit drei Pünktchen davor). Die Anwendung versuchte einen zweiten Anlauf oder ein neues Atemholen, und nach einem kurzen Gluckern in der Art eines elektronischen Baby-Bäuerchens ging das Spiel weiter, wie nach einem Einwurf, manchmal fast an der Stelle, an der es unterbrochen worden war (manchmal war aber auch in der Zwischenzeit ein Tor gefallen). Oft verschwand der Ball in dieser nebelhaften Elektronik ganz aus meiner Sicht, im verpixelten Püree aus grünen Erbsen, das ich vor Augen hatte. Das war immer der Fall, wenn zum Beispiel die Kamera eine Totale machte und praktisch bei allen Spielunterbrechungen, bei den Freistößen und Ecken. Es gab so etwas wie eine sehr dynamische Ellipse in der Montage der Bilder, man kam direkt zum Resultat der Aktion, die man verpasst hatte, der misslungene oder von der Verteidigung abgewehrte Schuss, oder, noch schlimmer, wenn von Zeit zu Zeit dann der Torhüter den Ball aus seinem Netz fischte – unstrittiges Zeichen dafür, dass inzwischen ein Tor gefallen war. Durch wen, das war jetzt die Frage. Aber man sah doch etwas besser als im Radio (und ich war kein Verächter meines Vergnügens).

Aufgrund der Zeitverschiebung begann das Spiel an diesem Abend um zweiundzwanzig Uhr, und

Madeleine war schon nach oben zu Bett gegangen und las oder hörte Radio. Ich schaltete alle Lichter in meinem Zimmer aus und gab mich im türkisblauen Sessel ganz dem Spiel hin. Es tat sich nicht viel auf dem Spielfeld, die beiden Mannschaften waren wie gelähmt angesichts dessen, was auf dem Spiel stand, sie versuchten eher, sich kein Tor einzufangen, als eines zu erzielen. Ich weiß nicht, wie spät es gewesen sein mochte, die Nacht war schon weit vorangeschritten und das Spiel lief auf eine Verlängerung zu. Der Wind war stärker geworden, ich hörte, wie die Fensterläden in den Angeln knarrten. Jedes Mal, wenn ich durch das Fenster einen Blitz sah, der das Zimmer flüchtig mit einem hellen geisterhaften Schimmer erhellte, konnte ich nicht anders, wie ich es immer seit meiner Kindheit gemacht habe (schon in Sart-Dames-Avelines, als ich neun Jahre alt war), ich zählte die Anzahl der Sekunden, die den Augenblick, wenn der Blitz aufleuchtet, vom Donner trennt. Bei jedem neuen Donnerschlag stellte ich mir den Wind vor, wie er in Sturmstärke durch die Nacht tobte und die Sträucher der Macchia durchwirbelte. Über der Tour d'Agnello, oben am Ende des Wegs, würden sich jetzt die

Wolken auf den Hügeln auftürmen und im grellen Licht der Blitze über den Bergkamm ziehen. Ich kenne den Weg gut, der zur alten Tour d'Agnello führt, gut, ich nehme ihn immer, wenn ich spazierengehe. Wenn man dort den Gipfel erreicht, öffnet sich der Horizont nach allen Seiten auf das Ligurische Meer. In der Ferne kann man Capraia sehen und Gorgona, manchmal auch bei gutem Wetter die Insel Elba. Aber an diesem Abend würde man am Horizont nichts als Wolken sehen, schwere, dunkle, bedrohliche Wolken, die, vom Meer kommend, in Herden über den Himmel in Richtung des Dorfes ziehen.

Inzwischen war es in Brasilien zwischen den Niederlanden und Argentinien auch in der Verlängerung zu keiner Entscheidung gekommen, und man bereitete sich auf das Elfmeterschießen vor. Im Halbdunkel sitzend, verfolgte ich die Übertragung des Spiels per Streaming auf meinem, auf dem Sofa aufgebauten, tragbaren Computer. Die Atmosphäre war angespannt, die Spieler saßen im Halbkreis auf dem Rasen, die Hände hinter sich auf dem Boden aufgestützt, die Stutzen heruntergerollt, und ließen sich massieren, die Trainer liefen zwischen den Grüppchen hin und her und trafen ihre Entscheidung über die ersten fünf Schützen. In der Ferne donnerte weiter das Gewitter, und im Zimmer herrschte eine ungewöhnliche elektrische Aktivität. Da erschien auf dem Bildschirm meines Computers eine erste Warnung, es kam zu einem plötzlichen Absinken der elektrischen Spannung, und in dem Moment, als der erste holländische Spieler sich zum Elfmeterpunkt bewegte, kam zunächst das Bild zum Stehen, sofort gefolgt von einem totalen Abbruch des Streamings, und überhaupt fiel die Internetverbindung schlicht und einfach aus. Genau in dem Moment, in dem es spannend wurde, exakt da, wo das Elfmeterschießen beginnen sollte, hatte ich kein Bild mehr auf meinem Computer. Ich blickte hilfesuchend um mich, war ratlos, beugte mich über meinen Computer und rüttelte an ihm, drehte ihn um seine eigene Achse, als würde ich ein altes Fernsehgerät mit Antenne verrücken, um den Empfang wiederherzustellen (woran man erkennen kann, dass mir das 20. Jahrhundert nicht fremd ist). Nachdem ich mich wieder gefasst hatte, versuchte ich hastig, die Verbindung mit dem Internet wieder aufzubauen, gab in aller

Eile den Internet-Code, Benutzernamen und das Passwort ein, um mich wieder bei beIN SPORTS CONNECT einzuloggen. Ich wartete voller Unruhe, war hilflos (es ging jetzt immerhin um den Einzug ins Finale der Fußball-Weltmeisterschaft). Schnell begriff ich, dass es mir nicht gelingen würde, und rannte aus meinem Arbeitszimmer, durch den Flur, kehrte wieder um, ich wusste nicht mehr, was ich tat, ich suchte verzweifelt nach einer Möglichkeit, das Elfmeterschießen zu verfolgen, das mittlerweile in Brasilien begonnen haben musste. Ich ging in die Küche und schaltete das alte Radio ein, das dort immer an der Steckdose hängt, und stieß auf den Sprecher von France Info, der in einer Direktschaltung aus der *Arena* von São Paulo gerade erklärte, Robben würde nun für die Niederlande an den Elfmeterpunkt gehen. Gebeugt über das alte Radio, lauschte ich der Reportage, die Augen im Vagen, angespannt, konzentriert und versuchte, mir bildhaft vorzustellen, was auf dem Spielfeld passierte. Das Gewitter war noch stärker geworden, man hörte den Regen in Strömen auf das Dach prasseln und das Grollen des Donners kam immer näher – dann ein brutaler, präziser, dröhnender Knall:

Der Blitz hatte in der Straße eingeschlagen. Ich sah das Licht der Glühbirne an der Decke flackern, und auf einmal war auch die Übertragung im Radio unterbrochen und alle Lichter im Haus erloschen – der Strom war ausgefallen.

Ich befand mich in völliger Dunkelheit. Im Flur suchte ich tastend meinen Weg zurück ins große Zimmer, um festzustellen, dass nichts mehr funktionierte, weder der Strom noch die Internetverbindung. Auf allen Vieren kletterte ich die Treppe zum ersten Stock hinauf, betrat, um Madeleine nicht zu wecken, ohne ein Geräusch zu machen, das Schlafzimmer und holte mir das kleine batteriebetriebene Transistorradio von der Kommode. Ich ging wieder ins Erdgeschoss hinunter und hatte noch auf der Treppe das kleine Transistorradio eingeschaltet, es gab aber zuerst nur das Knistern von Frequenzmodulationen von sich, manchmal auch ein Fetzen Werbung oder italienische Musik. Noch beim Betreten des großen Zimmers drehte ich am Regelknopf des Radios, bis ich schließlich auf einen italienischen Sender stieß, der das Spiel übertrug, aber ich war etwas verloren, ich verstand nicht recht, an welcher Stelle des Elfmeterschießens man war, wie der Spielstand war, wer führte und wer mit Schießen dran war, und der italienische Kommentator redete weiter, wortreich, präzise, schnell und leidenschaftlich, ließ sein Auditorium vibrieren durch seine überstürzten Sätze, bis ich plötzlich die Situation begriff, jetzt ging es um alles, die Spannung war auf dem Höhepunkt: Maxi Rodriguez trat zum Elfmeter an, erklärte der Kommentator, und wenn der ihn verwandeln würde, das war klar, wäre das Spiel vorbei und Argentinien im Finale. Jetzt, in genau diesem Moment konnte mir nichts mehr passieren, weder ein Stromausfall noch eine unterbrochene Internetverbindung, höchstens ein plötzlicher Totalausfall der Batterien des Transistorradios hätte mich um diese allerhöchste Spannung bringen können. Ich stand da, in der Mitte des Zimmers, in dem ich normalerweise meine Bücher schreibe, hielt mein kleines Transistorradio ans Ohr und hörte nun in der Nacht die begeisterte Bestätigung dieses Rundfunksprechers – wer war dieser Mann, an wen wandte er sich mitten in der Nacht auf diese Weise? –, der sich da auf Italienisch die Lunge aus dem Hals schrie, dass Maxi Rodriguez seinen

Elfer verwandelt hatte!, dass Argentinien im Finale war!, dass Argentinien im Finale der Fußball-Weltmeisterschaft 2014 auf Deutschland treffen würde!

Der Strom im Dorf war immer noch ausgefallen, als ich zehn Minuten später nach oben zu Madeleine ins Schlafzimmer ging. Ich öffnete das Fenster, stieß die Fensterläden auf und trat auf den Balkon hinaus, um mir einen Augenblick lang das in der Nacht liegende Dorf anzuschauen. Alle Häuser waren noch in tiefe Dunkelheit getaucht. Die Nacht war still, der Regen hatte aufgehört, von den Ästen der Bäume tropfte es langsam auf den nassen Asphalt des Platzes. Die Gewitter tobten jetzt über Italien, ich beobachtete die schleierhaften Umwälzungen des Himmels am Horizont, sah, wie er stoßweise, in weißlichem, ruckartigem, stummem Flattern zerriss. Da hörte ich schwach aus dem Bett hinter mir die verschlafene Stimme Madeleines, die mich sanft fragte: »Ist der Fußball vorbei?« Ja, er war vorbei.

Jetzt ist der Himmel.

Zitatverweise

Seite 9: Jean-Philippe Toussaint, *Die Wahrheit über Marie*, aus dem Französischen von Joachim Unseld, Frankfurt am Main: Frankfurter Verlagsanstalt 2010.

Seite 47: Arthur Rimbaud, »Mes Petites Amoureuses«, in: *Sämtliche Dichtungen des Jean Arthur Rimbaud*, dt. Nachdichtung von Paul Zech, München: dtv 1963/Frankfurt am Main: Fischer-Taschenbuch-Verlag 1990.

Seite 89 f.: Jean-Philippe Toussaint, *Fliehen*, aus dem Französischen von Joachim Unseld, Frankfurt am Main: Frankfurter Verlagsanstalt 2007.

Seite 100–103: Georges Didi-Huberman, *Überleben der Glühwürmchen*, aus dem Französischen von Markus Sedlaczek, Paderborn: Fink 2012.

Seite 102: Samuel Beckett, »Warten auf Godot«, in: *Werke*, Band 1, Frankfurt am Main: Suhrkamp 1976.

Titel der Originalausgabe
FOOTBALL

Dieses Buch erscheint im Rahmen des Förderprogramms
des Institut Français.

Liberté • Égalité • Fraternité
RÉPUBLIQUE FRANÇAISE
AMBASSADE DE FRANCE
EN
REPUBLIQUE FEDERALE
D'ALLEMAGNE
BUREAU DU LIVRE

Die Übersetzung dieses Werkes wurde gefördert durch
die Fédération Wallonie-Bruxelles.
Avec le soutien de la Fédération Wallonie-Bruxelles.

FÉDÉRATION
WALLONIE-BRUXELLES

FSC
www.fsc.org
MIX
Papier aus verantwortungsvollen
Quellen
FSC® C014496

1. Auflage

Lektorat: Delf Schmidt
Herstellung und Umschlaggestaltung: Laura J Gerlach
Umschlagmotiv: © Jean-Philippe Toussaint:
»Dans un bar à Kyoto,
21.6.2002 (Match Allemagne-États-Unis)«
Satz: psb, Berlin
Druck und Bindung: GGP Media GmbH, Pößneck
Printed in Germany
ISBN 978-3-627-00227-5

208
JAPAN
NIPPON